Marion Löhndorf
arbeitete als freie Publizistin
für das Feuilleton der »Frankfurter Allgemeinen Zeitung«, war von 2001 bis 2004 Kulturkorrespondentin der dpa in London und im Anschluss daran im Kommunikationsbereich eines deutschen DAX-Unternehmens tätig. 2010 kehrte sie als Kulturkorrespondentin der »Neuen Zürcher Zeitung« zurück nach London, eine Tätigkeit, die sie bis heute innehat. Sie ist Autorin und Co-Autorin mehrerer Filmbücher. Bei zu Klampen ist von ihr erschienen: »Geschüttelt, aber ungerührt. Was England anders macht« (2021).

MARION LÖHNDORF

Leben im Hotel

zu Klampen

Meinen Eltern

Inhalt

Hotels und ich

Mein Nachdenken über Hotels begann mit einem Vorurteil. Ich war überzeugt: Das ist eine sterbende Spezies. Das große Foyer hat ausgedient. Das Leben hinter der Drehtür ist tot. Seit Jahren waren immer mehr Reisende in Airbnbs abgestiegen, in den Privatwohnungen anderer Menschen. Dann tobte Covid, die Gasthäuser schlossen, und es wurde alles noch schlimmer.

Aber nachdem sich die erschöpfte Menschheit zum Ende der Pandemie geschleppt hatte, erlebte das Hotel ein Comeback. Neue Häuser wurden gebaut, alte öffneten wieder, als wäre nichts geschehen. Experten prophezeien dem Hotel-Business eine glänzende Zukunft.

Denn es wird wieder gereist. Zeit ist zum Luxusgut avanciert, Besitz ist inzwischen weniger erstrebenswert als das Erleben. Diese Entwicklungen zeichneten sich schon vor der Pandemie ab, aber die Erschütterungen und Ungewissheiten der Massenerkrankung und der Lockdowns vertieften sie noch. Und dies, obwohl die Preise gestiegen sind, das Bahnreisen beschwerlich geworden ist und die Flughäfen immer voller werden. Die Menschen geben ihre Ferien nicht auf. Sie sind bereit, fürs Reisen einiges auf sich zu nehmen.

Wenn nicht gerade praktische Bedürfnisse die Bedingungen vorgeben – wie die Dauer des Aufenthalts und die Konstellation der Reisenden –, ist eine neu erwachte Lust auf das Hotelleben zu beobachten. Warum? Haben wir genug vom Leben zu Hause und in Ferienwohnungen oder Airbnbs, die versuchen, an fremden Orten ein Gefühl von Häuslichkeit und Zugehörigkeit aufkommen zu lassen?

Im Gegensatz zum Airbnb mit seiner Suggestion des Alltäglichen hat das Hotel sein Spiel mit Schein und Sein nie verleugnet. Es simuliert alles Mögliche: das Schlichte, das Luxuriöse, das Außerordentliche. Die Gründe, die ein Leben im Hotel attraktiv oder zweckdienlich erscheinen lassen, sind natürlich vielfältiger. Das gilt für die Vergangenheit, die Gegenwart und die Zukunft, für Krisen, Krieg und Frieden.

Die Liebe zur Natur habe ihre enthusiastischen Verehrer, schreibt die New Yorker Essayistin Fran Lebowitz. Doch gehe sie selbst lieber zurück ins Hotel als zurück aufs Land. Ich kenne das Gefühl und ahnte: Das ist mehr als ein witziges Bekenntnis zur Bequemlichkeit. Ich wollte der Sache auf den Grund gehen und fragte mich, was das Hotel so fremd und so besonders, so anziehend oder abstoßend macht. Wie kommt es zu den Geschichten, Skandalen und historischen Ereignissen in seinen Räumen? Warum inspiriert es bis heute Kunstwerke, und was bewegt Künstler dazu, ein halbes Leben zwischen Hotelwänden zu verbringen?

Und was mich selbst betraf, wollte ich wissen, was eigentlich so schön daran sei, sich fremden Räumen zu überlassen – Räumen, die Türen zu unbekannten Welten öffnen und zugleich vor ihnen schützen? Ich machte mich auf den Weg.

Meine Gedankenreisen zum Hotel – und meine Selbstversuche vor Ort, an vielen Orten – steuern kein bestimmtes Ziel an. Doch in der Zusammenschau aller Details wird vielleicht ein bestimmter Puls spürbar werden, ein Gefühl für das Besondere dieser Lebens- und Wohnform, für Räume und Menschen.

London, im März 2024 *M. L.*

Prolog: Künstliches Paradies

> »I love hotel suites. They make me feel like King Farouk in exile. I bestow mystic status on L. A. hotel suites.«
>
> *James Ellroy*

Als ich ankomme, liegt ein handgeschriebener Zettel auf dem Nachttisch: »Dial 0 for anything« – »Wählen Sie die 0 für alles«, eine Wunscherfüllungsformel. Wenn das keine Einladung ist. Wenn alles im Leben so einfach wäre. Die Null auf dem Hoteltelefon habe ich am Ende nur gewählt, um mir den Gebrauch der Kaffeemaschine erklären und Eis bringen zu lassen. Aber die Möglichkeiten!

Draußen pulsiert die Nacht. Hinter acht Fenstern flimmern die Lichter von Los Angeles, und weiter unten verschwinden Pool und Palmen fast unter einer Werbetafel, die so breit ist wie ein mittleres Hochhaus. Die Fenster lassen sich auch auf der 7. Etage öffnen, und es gibt einen Aschenbecher, den man benutzen kann. Keine Spur von Schutz und Warnung, Rauchverbot und Sturzgefahr. Das alte Haus, in dem mein Zimmer liegt, kennt noch eine Etikette aus risikofreudigeren Tagen. Der Verkehrslärm aus mittlerer Entfernung hört nie auf, aber er stört nicht. Er unterbricht den Stillstand, das Zeitkapselgefühl aller Hotelzimmer, und erinnert daran, dass vor den Fenstern, am Ende des Gartens, das Leben weiterrauscht.

Die Teppiche in Zimmer 76 sind angestaubt, das Badezimmer wurde 1927 zusammengeklempnert, und man sieht es. Den Hang zur Perfektion kann man an der Rezeption abgeben. Auf dem Tisch, neben einer Flasche Rotwein und schwarzen Pralinen, liegt ein Brief mit den Worten: Willkommen zu Hause. Willkommen in der Tat. Ich bin im Paradies.

Das Paradiesgefühl an Orten wie diesen ist natürlich kein Zufall. Es ist pure Erfindung. Ein sorgfältig kuratierter Traum. Er entsteht, weil der Besitzer oder die Besitzerin, der Architekt und die Innenausstatterin es genau so und nicht anders wollen. Weil die Angestellten umsichtig sind, weil der Manager den richtigen Ton bei den Gästen trifft und die richtigen Zimmer an die richtigen Personen vergeben werden. Weil der Zimmerservice diskret ist und alle, die vor und hinter den Kulissen regieren, für reibungslose Abläufe sorgen. Die Geräuschkulisse wird durch Playlists bestimmt, die Stille durch schallgedämpfte Wände erzeugt. Hotels parfümieren sich auch und lassen ihre Gäste durch die Nase träumen. Gezielt durch Duftsysteme freigesetzte Wohlgerüche wirken aufs Unterbewusste: Nichts löst Erinnerungen so zielsicher aus wie Geruchserlebnisse. Um das zu wissen, muss man nicht Proust gelesen haben.

Alles harte Arbeit also, die Fabrikation des Hoteltraums. Oder ist da doch noch mehr im Spiel, bei dem, was den Charakter eines außerordentlichen Gästehauses ausmacht? Und was ist das überhaupt, ein gutes Hotel? Daniel Roger war bis 2021 fast zwanzig Jahre lang Geschäftsführer der 200 Hotels führenden Gruppe *Fattal*. Viel Zeit also, um über das nachzudenken, was ein Gasthaus auszeichnet: »Wenn man sich wie zu Hause fühlen kann. Dann kommt man zurück. Denn niemand fühlt sich gern fremd.« Die erste Person, die einen in Empfang nehme, sei dabei von zentraler Bedeutung. Entspannte Gäste seien auch bereit, kleine Mängel zu vergeben. Fremdsein und Dazugehören sind große Themen des Lebens im Hotel.

Die pragmatischen Grundbedürfnisse der Gäste seien einfach, sagt Roger, »ein sauberes Zimmer, freundlicher Service, ein gutes Frühstück und dass alles funktioniert«. Das gilt für die *Motel*

One-Hotelkette mit ihren koffergroßen, aber patent ausgestatteten Räumen im türkis-grauen Farb-Delirium bis hin zu Unterkünften für Leute, die Üppigeres oder einfach anderes wollen. Aber es geht um mehr als nur um Äußerlichkeiten: »Irgendwo Tourist zu sein, ist eine emotionale Erfahrung«, sagt Daniel Roger. Denn wer ist die wichtigste Person im Hotel? »Der Gast.« Wo der Gast auftritt, hört die Berechenbarkeit jedes noch so sorgfältig geplanten Hoteluniversums auf. Dann wird das Zusammenspiel aller Elemente des Hauses unwägbar.

Hotelgäste reisen mit Gepäck im Kopf an, mit Glücks- oder Schreckenserinnerungen an einzelne Unterkünfte. Außerdem bringen sie ihre eigene Biographie, ihre Gemütslage, ihre Bedürfnisse und Erwartungen mit, Müdigkeit und Vorfreude, Schlaflosigkeit und Ängste. Beim Hotel ist es wie beim Film: Unsere Gefühle werden Teil der Erfahrung. Und wie bei der Literatur, die sich erst in der Lektüre verwirklicht und die jeden Leser, wenn er liest, eigentlich zum Leser seiner selbst macht. Hotelgeschichten gibt es zu Tausenden. Wir alle können mindestens eine aus dem Stand abrufen. Literatur, Kunst und Film tun es andauernd.

Auch die Unterkünfte selbst haben Geschichten, und der Hunger ihrer Kundschaft darauf wächst, speziell in Europa. »Heritage Hotels«, Häuser mit ererbter Vergangenheit, boomen. Die Prognosen für die Zukunft sind günstig. Die Reisenden wollen etwas über deren Innenleben wissen, das Personal, den Standort. Es sind historische Orte, die nicht nur zu besichtigen, sondern auch zu bewohnen sind. Mag sein, dass die Gäste dabei zu Voyeuren der Vergangenheit und der Gegenwart werden. Aber zugleich sind sie immer auch Akteure, Teile des Ganzen und nie nur neutrale Beobachter, eingebunden ins Gestern, Heute und Morgen. Auch wenn es sich bloß um eine Statistenrolle im Fahrwasser einer facettenreichen Vergangenheit handelt. »Die seltsamen Pfeiler im Kellergeschoss des Chateau Marmont stützen seine Vergangenheit ab«, notierte die US-amerikanische Künstlerin und Autorin Eve Babitz in »Slow Days, Fast Company«, ihrer Liebeserklärung an Südkalifornien. Ein altes Hotel ist eine Zeitmaschine.

Die beim Reisepublikum wachsende Vorliebe für Herbergen mit Vergangenheit gilt nicht nur Häusern, die auf ein bewegtes Hotelleben zurückblicken können. Genauso gefragt sind zweckentfremdete Gebäude, die einen Karrierewandel hinter sich haben, Bibliotheken, Gefängnisse, Bordelle oder Banken. »Seit rund sieben Jahren liegen bei jüngeren Gästen auch Lifestyle-, Themen- und Designhotels im Aufwärtstrend«, sagt Daniel Roger. Traditionelle Ketten wie Marriott oder Hilton werden immer populär sein. Denn da weiß man in etwa, was einen erwartet. Aber zunehmend ist Einzigartigkeit gefragt, »um sich selbst einzigartig zu fühlen«, so Roger. Auch Themenhotels stehen hoch im Kurs. Sie erschaffen Kulissen, die begehbaren Computerspielen oder Abenteuerfilmen ähneln. In einer immer komplizierter werdenden Wirklichkeit treiben sie den uralten Hang des Hotels, Paralleluniversen und virtuelle Realitäten zu schaffen, auf die Spitze.

Ein bleibendes Faszinosum sind die unterschiedlichen Ausprägungen von Herbergen. Es geht weit über den offensichtlichen Graben zwischen Palasthotel und Einsternehaus hinaus. (Wobei die Sterne – Indikatoren eines qualitativen Gefälles – nur bedingt Auskunft geben über Güteklasse und Schönheit. Sie variieren auch von Land zu Land.) Selbst noch so einheitlich geplante Hiltons, Motel Six' oder Premier Inns nehmen an ihren jeweiligen Standorten eigene Erscheinungsformen an. Geographische Lage, Entstehungszeit, Geschichte, Klientel und Management sorgen dafür. Nicht alle dieser Stimmungsfaktoren sind austauschbar.

Der Schweizer Architekt Peter Zumthor besteht in seinem Buch »Atmospheres« auf dem Gefühlserlebnis, das ein Haus schon im Moment des Betretens auslösen kann, und spürt ihm nach. Die Hotelatmosphäre ist zeitgebunden und so flüchtig, dass sie aufeinanderfolgende Aufenthalte im selben Etablissement zu sehr ungleichen Erlebnissen machen kann. So, wie man auch niemals dieselbe Aufführung einer Theaterinszenierung an unterschiedlichen Abenden sieht. Das Hotel ist ein Möglichkeitsraum. Immer wieder kommt eine gemischte Gesellschaft von Fremden zusammen, vom Zufall zusammengeweht, manches könnte passieren, nichts ist vorhersehbar. Die Atmosphäre ist die Essenz des Hotels, das nicht Greifbare, das nicht Erarbeitete, das Sublime – oder der Schrecken.

Sie kann auf unerfreuliche Art interessant sein. Erzeugt durch laute Menschen hinter papierdünnen Wänden (Leonard Cohen widmete dem Effekt 1977 seinen Song »Paper-Thin Hotel«), dröhnende Musik, schmutzige Bettwäsche, abblätternde Wandfarbe, Ungeziefer, mysteriöse Schalter und Gerätschaften, die auch bei korrekt entschlüsselter Bedienungsweise nicht funktionieren. Meine erste Londonreise führte in ein Hotel in der nobelsten Gegend der Stadt. An den Namen erinnere ich mich nicht. Gesänge betrunkener Rugby-Fans mit Wikingerhelmen erfüllten die Lobby, das Zimmer wimmelte von Kakerlaken, und die kochplattenheiße Heizung widersetzte sich jedem Regulierungsversuch. Aber das sind, wie man so sagt, Luxusprobleme. Jedenfalls für den, der sie gerade nicht hat.

Auf einer ganz anderen Ebene des Schreckens liegt der Aufenthalt in Hotels, die zu beklemmenden Wartesälen werden oder die in Kriegszonen prekäre Zufluchtsorte bieten. Jene, die während der Pandemie als Covid-Quarantäne-Stationen bei der Einreise in bestimmte Länder dienten, und solche, die zwangsweise Emigranten einquartieren, die auf Einreisegenehmigung oder Abschiebung warten. In diesen Fällen rückt das Genre des Hotels in die Nähe artverwandter Aufenthaltsorte, an denen niemand gern Zeit verbringt: Krankenhäuser, Asyle und Gefängnisse. Davon später mehr.

Eine bestimmte Sorte von Gästehäusern ist besonders intensiv mit Wunschträumen und Fernweh verknüpft. Das *Hotel Pellicano* in Porto Ercole sei das einzig Wahre »in terms of a fantasy of somewhere luxurious and sexy«, sagt die Modeschöpferin Bella Freud, Tochter des Malers Lucian Freud und Urenkelin des Begründers der Psychoanalyse. »Checkst Du ins Hotel ein? Oder checkt der Zustand des Hotels in Dich ein?« fragt Wayne Koestenbaum sinngemäß in seinen labyrinthischen Meditationen unter dem Titel »Hotel Theory«, die das Hotelzimmer als Möglichkeitsraum präsentieren, als einen fluktuierenden Schwebezustand, in dem alles möglich scheint und der sich ständig im Wandel befindet.

Sie haben recht, Woolrich, Babitz, Koestenbaum und all die anderen: Hotels verändern ihre Besucher. Die Möglichkeiten sind fast endlos. Jeder, der ins *Savoy* komme, werde es hoch zufrieden wieder verlassen, versprach Richard D'Oyly Carte, der den Luxuspalast Ende des 19. Jahrhunderts in London bauen ließ, zur Blütezeit des Grand Hotels. Entgegen heutiger Gewohnheiten stiegen damals auch Londoner im *Savoy* ab und nutzten das Haus in der Art eines Gentlemen's Club.

Die Strahlkraft des *Savoy* reichte weit über die unmittelbare Umgebung hinaus und wirkte sich nicht nur auf seine Gäste aus: Es prägte und veränderte die Wahrnehmung der ganzen Stadt, die bis zu seiner Eröffnung nicht zum Repertoire betuchter Reisender gehörte. Auf einmal konnte »die große Welt«, die Reichen und auch die Halbseidenen, die es immer in den Bannkreis der einschlägigen Gästehäuser gezogen hatte, standesgemäß absteigen, dinieren und sich amüsieren. Als sich rund ein halbes Jahrhundert später der Tourismus demokratisierte, war London längst als Reiseziel etabliert.

D'Oyly Carte kannte die transformative Kraft des Hotels aus einem anderen kulturellen Milieu, in dem er sich hervorgetan hatte: dem Theater. Bevor er einem Stück trostlosen Brachlands an der Themse Londons ersten Hotelpalast abringen konnte, hatte er sich als erfolgreicher Operetten-Impresario und Hotelier in die Geschichte seiner Stadt eingeschrieben. D'Oyly-Carte wusste, dass ein großes Hotel zum Sehen und Gesehenwerden da ist, wie Fred Astaire in »Putting on the Ritz« sang: »Dressed up like a million-dollar trouper / Trying hard to look like Gary Cooper (super duper)«. Es ist ein Laufsteg, ein zur Übertreibung neigendes, glitzerndes Ding, wie der Titel von F. Scott Fitzgeralds Erzählung »Ein Diamant, so groß wie das *Ritz*« andeutet.

Bis zu seinem frühen Erschöpfungstod 1901 mit 56 Jahren blieb der Erbauer des *Savoy* beides, Hotel- und Theaterleiter, und bis heute prunkt das funkelnd im Art-déco-Stil renovierte *Savoy Theatre* gleich neben dem Haupteingang der von ihm ins Leben gerufenen Luxusherberge. Im Hotel sitzen die Zuschauer allerdings, anders als im Theater, nicht still und reglos in den Rängen. Das Hotel ist eine begehbare, von fremder Hand geschaffene Kulisse, in der sich das eigene Leben in leichter Verschiebung abspielt. Eine Welt für sich, die Ferien vom Ich erlaubt.

Luxushotelier André Balasz, der unter anderem das *Chiltern Firehouse* in London und das *Mercer* in New York besitzt, spricht von seinen Etablissements als »Filmkulissen« und von seinen Angestellten als »Schauspielern«. Was Strategien der Weltflucht betrifft, ist das Hotel dem Kino verwandt und dem Videospiel. Das Leben im Hotel ist *auch* immer ein Leben in einer virtuellen Realität. »In Los Angeles it's hard to tell if you're dealing with the real true illusion or the false one«, hatte Eve Babitz, eine Tochter der Stadt und eine Liebhaberin Hollywoods, einmal geschrieben. Vielleicht ist mein Hotel (mit seinen teppichgedämpften, dunklen Gängen, den angeknacksten Kacheln und seinen Cocktails in Industriestärke) nichts anderes als eine Illusion. Aber was für eine Illusion.

I. Ein Rundgang

»...every big hotel has a ghost. Why?
Hell, people come and go.«
Stephen King

Ankommen und einchecken

»Dürfen wir Ihnen das Gepäck abnehmen?« So fängt es meistens an. Und schon stehen wir im Foyer, dem Raum zwischen Beginn und Abschied, zwischen Wartesaal und Wohnzimmer. Fast immer ausgestattet mit Tischen, Sesseln und dem Tresen der Rezeption in allen Varianten. Gewaltige Blumensträuße demonstrieren die Übertreibungsästhetik großer Hotels, die es ernst meinen.

In umgekehrtem Verhältnis zur Intensität der Dekoration steht die Geräuschkulisse, »Gemurmel, Geklimper, gedimmte Gegenwart«, wie Hotel-Dauerbewohner Benjamin von Stuckrad-Barre in »Panikherz« schreibt. »Alles in Anführungszeichen.« Der Sound ist gedämpft, irgendwo zwischen Museum, Kirche und Bar, trotzdem herrscht Unruhe. Denn »irgendwo dazwischen« liegt im Foyer alles. Man trifft sich zum Kennenlernen, Geschäftemachen, oder um von dort aus irgendwohin aufzubrechen. Die meisten Gäste begegnen sich gar nicht und bleiben anonym füreinander.

Die Lobby tut so, als wäre sie die Visitenkarte des Hotels. Dabei folgt auf manch fürstliches Foyer eine ernüchternde Schlafkammer, wie schon Andy Warhol feststellte: »The lobbies are always the best-looking place in the hotel – you wish you could bring out a cot and sleep in them. Compared to the lobby, your room always looks like a closet.«

Das Foyer verbindet das Biotop des Hotels mit dem Leben vor der Tür, das Private mit dem Öffentlichen. Schriftsteller und Philosophen betrachteten es gern als Durchgangsort, in dem sich Facetten der Gesellschaft spiegeln, oder als Gegenwelt, die nationale und soziale Grenzziehungen aufhebt. Siegfried Kracauers in den zwanziger Jahren formulierter Gedanke von der Hotelhalle als säkularem Tempel, einer Kirche ohne Gott, in der man sich »vis à vis de rien« befinde, ist aus der Mode gekommen. Doch das Hotel, und speziell das Foyer, als Sinnbild zu betrachten, bleibt eine zeitlose Überlegung für alle, die gern über diesen besonderen Ort nachdachten.

Das Ritual des Eincheckens, das Ausfüllen von Dokumenten, die Schlüsselübergabe besiegeln das Betreten einer anderen Welt.

Bei aller Ungleichheit im einzelnen gilt am Ende doch: Ein Hotel ist eine Unterkunft, die in kurzer zeitlicher Abfolge viele Menschen beherbergt. Ein Wohnort zwischen Privatsphäre und Öffentlichkeit, eine Zwischenwelt mit eigenen Gesetzen und Geheimnissen.

Drinnen und draußen

»Das ganze Hotel ist ein dummes Kaff«, schrieb Vicky Baum und meinte damit das Grand Hotel an sich. Sie verglich es, weder als Erste noch als Letzte – aber trotzdem schön –, mit dem Leben. Man kommt an, man bleibt ein bisschen, man reist ab. »Was tun Sie im großen Hotel? Essen, schlafen, herumlungern, Geschäfte machen, ein bisschen flirten, ein bisschen tanzen, wie?« heißt es in ihrem Roman »Menschen im Hotel« (1929), der das Genre der Hotelfiktion mit Langzeitwirkung populär machte.

Doch nicht nur im übertragenen Sinn ist das Hotel eine Welt für sich, die wir wochenlang bewohnen können, ohne je einen

Fuß vor die Tür zu setzen. Selbst in den einfachen Quartieren ist für die Grundbedürfnisse gesorgt. Manche bieten sogar Kinderbetreuung an. In Ausnahmefällen wie in *Schloss Elmau* laden eine ganze Buchhandlung und Kulturveranstaltungen zur inneren Einkehr oder Zerstreuung ein. In anderen Gästehäusern setzen Luxusartikel in Vitrinen Staub an.

»Vor dem Krieg war das Hotel wie eine kleine Stadt«, erzählt der Schriftsteller Pierre Assouline über das Pariser *Lutetia,* das er in einem Roman verewigte. »Man musste nicht ausgehen.« Da verkaufte ein Geschäft Zeitungen aus Frankreich und der ganzen Welt, es gab Friseure, Lebensmittelläden, Restaurants, eine Patisserie, einen Swimmingpool.

Je größer das Hotel, desto eher gilt: Die Außenwelt kann draußen bleiben – oder säuberlich quadriert aus dem Zimmerfenster betrachtet werden. Wer Pech hat, kann hinter dem Hotelfenster über die Rohre einer Ölraffinerie oder die Tiefen eines Hinterhofs meditieren. Wir hoffen aber auf das Nonplusultra, ein »Zimmer mit Aussicht« – eine Formel, die so zeitlos verlockend klingt, dass E. M. Forster sie 1908 als Titel eines Romans verwendete, der 1985 verfilmt wurde.

Vom Lehnstuhl, vom Balkon oder vom Bett aus lässt sich die Welt gefiltert genießen, die Berge, die Wüste, der Nil, der Central Park: klassische Aussichten, berühmte Panoramen, Sehnsuchtsorte. Kreuzfahrtschiffe gehören zu den Sonderformen des Mikrokosmos Hotel, ebenso die berühmten Züge Orient und Bernina Express. Sie ziehen an den Häfen, Bahnhöfen und Sehenswürdigkeiten vorbei wie an beweglichen Kulissen. Ob vom Schiff, vom Zug oder vom Land aus betrachtet: Meistens ist es das Meer, das die größtmögliche Distanz zur Alltagswirklichkeit schafft.

Es hängt natürlich alles davon ab, um was für eine Art von Unterkunft es sich handelt. Das Betreten des Zimmers ist ein entscheidender Moment beim Eintauchen in die Sphäre des Hotels.

Das leise Surren beim Berühren des Plastikkartenschlosses wird zum Sesam-Öffne-Dich kurz vor dem Überraschungsmoment.

In manchen Hotels hat die altertümliche Verbindung von Schlüssel und Schloss allen Renovierungen widerstanden: entweder aus Nachlässigkeit, Rückständigkeit und Armut, oder aus ästhetischem Widerwillen. Diese Häuser und ihre Gäste schwören auf den Retro-Charme dicker Schlüssel mit Anhängern aus glänzenden, gedrehten Kordeln, die in jeder Tasche schwer vor Anker gehen, um nicht in Vergessenheit zu geraten. Denn sie gehören ja an den Haken hinter der Rezeption.

So oder so: Jetzt sind wir wirklich angekommen. In den meisten Hotels dann immer dasselbe Bild: die hingestellte Mineralwasserflasche, die scheußlichen Kunst-Reproduktionen an den Wänden, die in teuren Hotels manchmal von Originalen ersetzt werden, vielleicht auch die Begrüßung auf dem Bildschirm, auf die man gern verzichten möchte. Und eine Luft, die nach vielen Gästen riecht, die zuvor hier waren.

Oder noch schlimmer: nach einer Raumspraywolke, die dem Gast beim Öffnen der Tür entgegenschwebt wie ein endlich befreiter Geist aus der Flasche. Apropos Flasche: kein Hotelzimmer ohne Minibar, über die der Filmautor Michael Althen einmal notierte, sie sei »geradezu ein Sinnbild für die heruntergeschraubten Bedürfnisse des modernen Reisens. Miniflaschen für den Minidurst zu Maxipreisen.« Und übrigens auch kein Hotel ohne das Frühstücksbüffet, die Maximierung der ersten Tagesmahlzeit, die für manche eine ästhetische Anfechtung darstellt und für andere die Idee des Schlaraffenlandes verkörpert.

Auch hier gilt natürlich wieder: Kommt auf das Hotel an. Wer genügend Geld in seine Übernachtung investiert, wird von einem frisch gelüfteten Raum empfangen, mit Süßigkeiten, Obst oder Blumen überrascht, dazu mit einem handgeschriebenen Willkommensgruß oder mit Briefpapier, das den eigenen Namen im Briefkopf trägt. Und schon darf der Gast sich wie ein Star fühlen. Auch die Flaschen im Zimmer sind dann größer. Und das Frühstück kommt gern per Room Service.

Die Übernachtung, der Name sagt es schon, ist der wesentliche Zweck des Hotelaufenthalts. Nur sehr luxuriöse Suiten sind mehr als vergrößerte Schlafzimmer. Aber in den meisten Fällen wird das Bett zum zentralen Möbel. In schäbigen kleinen Hotelzimmern dominiert es derart, dass manchmal kaum genug Platz ist, es zu umrunden. Dagegen prunkt es an kostspieligeren Orten theatralisch mit einem übertrieben großen, geschnitzten oder wattierten und mit edlen Stoffen bezogenen Kopfteil, oder es wird zum Himmelbett. Immer ist es peinlich genau mit immer weißen Laken bezogen – damit wir uns von ihrer Sauberkeit überzeugen können. Die Decken sind so stramm eingeschlagen, dass man sie nur unter Aufbietung aller Kräfte freilegen kann.

Wir teilen das wichtigste Requisit des Hotelzimmers nicht nur mit etwaigen Reisegefährten, sondern auch mit den vielen Vorgängern in diesem Raum und mit denen, die sich nach uns darin niederlassen werden. Wer mag dort schon die Augen geschlossen haben? In welcher Gesellschaft, zu welchem Zweck? Das ist ein Gedanke, den wir im allgemeinen lieber meiden. In wie vielen Hotels haben wir selber schon im Laufe unseres Lebens wach gelegen, geraucht, getrunken, geträumt, geliebt, geschlafen? »Wennse abreisen«, heißt es bei Vicky Baum, »kommt ein andrer an und legt sich in Ihr Bett.«

Auftreten und abtauchen

Nach der Stille des Zimmers und dem dramatischen Auftakt des Foyers gehören Bar und Restaurant zu den intimeren öffentlichen Räumen in Gästehäusern. Bars sind die besten Orte in

Hotels, die etwas von Bars verstehen. Sie lieben das Halbdunkel, damit diskrete Beleuchtung ihr Wunderwerk vollbringen und die Gäste um Jahre verjüngen kann. Auch die Flaschen mit den Spirituosen schimmern im Schatten besonders verlockend. Oft liegt die Hotelschänke halb versteckt in den Tiefen des Hauses, fensterlos, zeitlos und so weit von der Außenwelt abgeschirmt wie nur möglich, ideal zum Abtauchen. Darum vielleicht sind viele geheiligte Trinkstätten Hotelbars. Von dort aus ist auch der Weg ins Bett nicht weit.

Unzählige Stunden habe er in Bars verbracht, schrieb der spanische Regisseur Luis Buñuel. Er bezeichnete sie als perfekte Orte der Meditation und stillen Betrachtung, die für das Leben unerlässlich seien. Anders als das Café sei die Bar ein Ort der Einsamkeit. »Vor allem muss sie ruhig, dunkel und sehr bequem sein – und entgegen modernen Gepflogenheiten ohne Musik, ganz egal, wie leise sie auch sein mag. Kurz, sie sollte nicht mehr als ein Dutzend Tische haben und eine Kundschaft, die nicht spricht.«

Solche windstillen Momente gibt es auch in den berühmten Hotelbars, meistens mitten am Nachmittag. In London ist es die Bar des *Duke's Hotel,* deren Vodkatinis ihre Weltklasse vor allem der tödlichen Menge eisgekühlten, hochprozentigen Wodkas, eines nach einem Hausrezept hergestellten Wermuts und einem Hauch von Amalfi-Zitronenschalen zu verdanken haben. Wer gegen vier Uhr am Nachmittag dort erscheint, kann sich wie Luis Buñuel seinen Träumereien hingeben – oder wie der James-Bond-Erfinder Ian Fleming, der gern dort trank.

Später am Tag und in der Nacht ist es im *Duke's* wie in allen Bars dieser Welt: Das Klappern am Tresen und das Geplauder der Gäste erobern die Stille. Aber eigentlich bleibt die wirklich gute Hotelbar ein diskreter Ort, an dem das Leben mit kleinen Bewegungen und gedämpfter Stimme Platz nimmt. Sie ist eine mondäne, unvergleichlich elegante Kulisse in der Literatur, im Film, im Leben. »Es gibt Geschichten, die man nur in einer Hotelbar nachts einem Fremden erzählen kann«, schreibt Ferdinand von Schirach in »Nachmittage«, ein Satz, der eigentlich gar keiner weiteren Geschichte bedarf. Das Trinken gilt nur als Vorwand zum Reden, zum Flirten und Geschäftemachen, zum Sehen und Gesehenwerden. Darin ist die Bar dem Restaurant, dem anderen halböffentlichen Schauplatz des Hotels, überlegen: Beim Nippen am Martiniglas macht man eine bessere Figur als beim Zerlegen und Verspeisen eines Hühnchens. Man kann natürlich auch in einer freudlosen Barkulisse einsam auf den Nullpunkt sinken: Es kommt auf die Bar an. Und auf einen selbst.

Anders als die Bars gehören die besten Restaurants nicht unbedingt zu Hotels. Aber man findet sie *auch* in Hotels. Wie die Bars sind sie für den großen Auftritt geeignet, nur in helleres Licht getaucht. Der Eintritt ins Restaurant gleicht dem Betreten einer Bühne. Das Restaurant braucht das Schauspiel, aber nicht das Einpersonenstück. Denn anders als bei der Bar, die auch in Einsamkeit erlebt schön ist, wird der Restaurantbesuch erst durch andere Gäste vollkommen. Sie sind Publikum und Akteure zugleich. Essen können Sie auch zu Hause. Aber das Ausgehen, im Hotel oder anderswo, wird vom Drama der anderen belebt.

Fremd und vertraut

An- und Abreise bestimmen wir bei unserem Hotelaufenthalt in der Regel selbst, und während des Eincheckens wissen wir meistens schon, wann wir wieder fahren werden. Der zeitliche Rahmen ist gesetzt, kein offenes, unabsehbares Ende. Alles hat seine Ordnung. Im Hotel haben wir unsere Zeit in der Hand. So glauben wir.

Wenn wir ferienhalber in einem Hotel logieren, beginnt eine neue Zeitrechnung für uns. Speziell, wenn wir lange in einer einzigen Herberge bleiben. Sie kann zu einem Ort werden, an dem wir sanft aus den tagesaktuellen Zusammenhängen kippen, das Interesse an den Nachrichten verlieren, keine Zeitungen mehr lesen, nicht mehr auf dem laufenden sein wollen. Langsam könnte die Überfülle an Informationen verebben, der Lärm im Kopf abnehmen, die Beunruhigung über die Weltlage sich legen und die Arbeit in weite Ferne rücken. Dann hätte man Gelegenheit, sich auch selbst abhanden zu kommen. Aber im Onlinezeitalter der *hyperconnectivity* passiert das selten.

Und doch ist alles anders, wenn wir nach einer langen Reise irgendwo eintreffen. Man ist erschöpft, verstört oder belebt. Ein Jetlag ist die höchste Steigerung dieses Gefühls. Dann spielen die Zeiger der inneren Uhr verrückt. Mitten in der Nacht wachen wir auf. Wo sind wir? Orientierungslos im Hotelzimmer. So, als säßen wir noch im Flugzeug, ohne Boden unter den Füßen. Wir hängen in der Luft.

Draußen vor der Zimmertür ist ein Kommen und Gehen, das hilft dann auch nicht, fast wie auf dem Bahnhof oder dem Flughafen, ein Durchgangsort eben. Dabei, und das ist das Besondere, imitiert das Hotel ein Zuhause, wo Leben, Lieben, Arbeiten und Feiern möglich sind. Aber gerade dieses Tun-Als-Ob vertieft das Gefühl des Eben-Nicht. Hier schlägt kein Mensch Wurzeln. Selbst die Langzeitbewohner leben mit der Tatsache, nur Gäste zu sein. Wir können uns jederzeit mit leichtem Gepäck davonmachen. Kein Umzug nötig, kein langer Abschied.

Das Hotel ist eine Station der Durchreise oder das Reiseziel. Wenn es nur einem Zwischenstopp dient, vergessen wir es meistens so schnell wieder, als wären wir nie dagewesen, ein Ort der Ortlosigkeit, der aussieht wie alle anderen seiner Art. Wer aber länger bleibt oder immer wiederkehrt, lässt sich jedes Mal auf das Gefühl der Fremde ein, das sich auch dann nicht vollständig verflüchtigt, wenn das Hotel irgendwann zum »Home from

Home« wird, zum zweiten Zuhause. Es ist die Balance zwischen dem Ungewohnten und dem Vertrauten, die es für die Hotelliebhaber, die Hotelsüchtigen und die Dauerbesucher so anziehend macht.

Manche Gäste schätzen das betont Ungewohnte. Auf ihren Raubzügen durch den mittleren Westen der USA töteten Bonnie Parker und Clyde Barrow vierzehn Menschen, so heißt es. Am Ende dieser Reise, am 23. Mai 1934, wurde ihr Ford von Polizeifahndern mit 167 Projektilen aus automatischen Waffen, Schrotflinten und Pistolen durchsiebt. Eine unschöne Geschichte also. Trotzdem gibt es zwei Hotels in Texas, die damit werben, dass Bonnie und Clyde einmal hier übernachteten, das *Stockyards* in Fort Worth und das *Alcalde* in Gonzales. In der Bonnie & Clyde Suite im *Stockyards* gehört ein in eine Vitrine eingeschlossener Revolver, angeblich aus Bonnies Besitz, zu den Memorabilien, die dem Raum Atmosphäre verleihen sollen.

Der Hotelwerbung kommt zweifellos entgegen, dass Film und Literatur die Polizistenkiller zum romantischen Paar stilisierten. Vielleicht werden die Zimmer gerade deshalb gern gebucht. »Die Aussicht, dass wir denselben Raum bewohnen und dieselbe Aussicht betrachten können wie Kriminelle auf der Flucht, berührt einen der tiefsten Beweggründe für den Aufenthalt im Hotel: Dass wir, was das Gebäude, das Personal und die anderen Gäste betrifft, jemand anders sein könnten als die, die wir sind«, schreibt Andrew Mueller in einem Band der Zeitschrift »Monocle« über Hotels.

Hotels erlauben Anonymität, oder sie taten es wenigstens, als noch keine Pässe hinterlegt werden mussten und Barzahlung noch möglich war. Das führte dazu, dass Hotels im Laufe ihrer Geschichte eine stattliche Anzahl von Verbrechern (und Verbrechen) erlebten. Aber auch Gäste mit weniger krimineller Energie können ihre Identität für ein paar Tage an der Rezeption abgeben und Selbstentwürfe verhandeln und inszenieren – als Bettler den Prinzen spielen und umgekehrt, oder für ein paar Tage davon träumen, Teil eines Gangsterpaars zu sein. Andere phantasieren von der Zeit der Unschuld. Derzeit bieten Luxushotels wie das *Ace* in New York oder das *Volkshotel* in Amsterdam Kinderzimmer für Erwachsene an, die sich nach einer Reise in die verlorene Kindheit sehnen. Wo sie einmal richtig loslassen können.

Laut und leise

Loslassen kann der Mensch auch beim Feiern in Hotels. Zu heißgeliebten Party-Orten macht sie ihr schierer Reichtum an Platz und Möglichkeiten, die Rundumversorgung und die Tatsache, dass es nicht die eigene Behausung ist, deren Bestandteile man nachher wieder aufsammeln darf. Hotels sind Orte für die braven Events, für die wilden Ausschweifungen und alles dazwischen. Für steife Firmen- und Familienzusammenkünfte und für Pop- und Filmstars, die Hotelzimmer auseinandernehmen. Johnny Depp zertrümmerte nach einem Streit sein Zimmer im Hotel *The Mark* in New York City. In derselben Stadt verwüstete sein Schauspielerkollege Charlie Sheen das Mobiliar im *The Plaza* und wurde danach nackt und fast besinnungslos aufgefunden. Immer wieder hört man davon: Drogen, Sex, Orgien in Hotels, wobei es hier vor allem um Künstler geht, die allabendlich vor großem Publikum auftreten. Andere Menschen in verwandten Berufen, bildende Künstler und Schriftsteller, finden kaum je Geschmack an der Gewalt gegen Möbel. Eine Ausnahme bildete der walisische Poet Dylan Thomas, dessen »spektakuläres« Benehmen ihm 1950 einen Rausschmiss aus dem *Beekman Hotel* in New York bescherte.

Doch auch im Musikgewerbe sei die Zeit der Hotelzimmerzerlegung unterdessen vorbei, erklärte Noel Gallagher, Mitglied der

Band Oasis, der »Frankfurter Allgemeinen Sonntagszeitung«: »Ich glaube, so etwas passiert heute nicht mehr. Wir waren die Letzten, die das gemacht haben. Ich fand es sowieso nie cool. Es geht beim Rock 'n' Roll ja nicht darum, Möbel zu demolieren.« Damit hat er sicher recht, es gehört aber noch immer zu den beliebten Ritualen von Pop-Helden.

Während Stars sich bevorzugt auf den Zimmern austoben, haben auch die Ballsäle schon Extravaganzen und Exzesse aller Art gesehen. Das New Yorker Wahrzeichen *The Plaza* erlebte die vielleicht berühmteste Hotel-Party überhaupt, Truman Capotes *Black and White Ball,* einen Maskenball, mit dem er ausgerechnet sein Buch *In Cold Blood* feierte, das die wahren Umstände eines grässlichen Mordes schildert. Nur die Elite der »In-Crowd« stand auf der Gästeliste.

Im *Savoy* trat Elizabeth II. 1946 zum ersten Mal mit ihrem damaligen Verlobten Philip gemeinsam auf, und anlässlich ihrer Krönung 1953 veranstaltete das Hotel den opulentesten Ball der Stadt. Lange schon war der Luxuspalast bekannt für seine rauschenden Feste. Eine der bizarrsten Partys gab ein amerikanischer Millionär 1905 im *Savoy*: Er ließ den Innenhof fluten, Venedig-Kulissen aufstellen und die Gäste in einer gigantischen Gondel speisen. Die Kellner durften kostümiert durch das Wasser waten. Als Höhepunkt erschien die Geburtstagstorte auf dem Rücken eines Elefantenbabys, und nach dem Dessert sang Caruso. Höchst selten ist die Musik bei Hotelpartys derart hochkarätig, dafür aber oft ein Ärgernis für die, die nicht eingeladen sind.

Eine ruhige Nacht im Hotel ist ein Riesenglück. Wie oft rattert und scheppert es durch die Korridore? Room Service, Zimmermädchen, angetrunkene Spätheimkehrer aus der Bar oder Frühaufsteher, die das ganze Haus an ihrem morgendlichen Kräfteüberschuss teilhaben lassen. Wie oft knallen die Türen so laut, wie sie nur in Hotels knallen können? Thomas Mann kannte das

Problem. »Nachts tadelnswerte Störung durch lärmende Gäste«, vermerkte er im *Waldhotel National* in Arosa in seinem Tagebuch.

Wie oft aber hört man auch nur undefinierbare Geräusche. Oder einen dumpf durch das Haus rumpelnden Aufzug. Manchmal brummt und knattert die Klimaanlage. Und wenn sie nicht brummt und knattert, ist es zu heiß. Oder zu kalt. Dann findet man den Lichtschalter nicht. Besonders ehrgeizig ausgestattete Hotels mit kryptischen Beleuchtungssystemen machen einem das Leben und das Lesen vor dem Einschlafen schwer. Wenn die Bettleuchten endlich verloschen sind, brennt sicher noch die Stehlampe. Sie ist ein Einrichtungsgegenstand, der im wirklichen Leben kaum noch, in der Zauberwelt der Hotels aber unweigerlich anzutreffen ist. Wahlweise glimmen die Uhr am Fernseher, der Rauchmelder oder andere undefinierbare Lämpchen in der Dunkelheit. So geht es weiter mit den kleinen Irritationen, die einem das beunruhigende Gefühl vermitteln, im Cockpit eines Raumschiffs fremde Galaxien zu durchqueren.

Mit einem Wort: Es gibt viele äußere Gründe für Unruhe und daraus resultierende Schlaflosigkeit in Hotels. Von den inneren, ureigenen mancher Gäste ganz abgesehen. Vladimir Nabokov zum Beispiel, der Jahre seines Lebens im Hotel verbrachte, litt an so schwerer Schlaflosigkeit, dass er oft die ganze Nacht hindurch arbeitete, nicht selten im Bett. Schon 1937 klagte er in seinem Berlin-Roman *Die Gabe* darüber, »das elende Joch wiederholt neuer Behausungen hinzunehmen, die Unmöglichkeit, Auge in Auge mit völlig fremden Gegenständen zu leben, die unvermeidliche Schlaflosigkeit auf jenem Sofa!«

Wissenschaftler von der Brown University im US-Bundesstaat Rhode Island hatten 2016 eine allgemeinere Erklärung für den schlechten Hotelschlaf parat: Die linke Hirnhälfte verharre in der ungewohnten Umgebung in einer Art Habacht-Stellung und bleibe daher wacher als die rechte. Auf einem weniger ambitionierten wissenschaftlichen Level empfahlen sie Reisenden, ihr eigenes Kopfkissen mitzunehmen oder stets ähnliche Hotels zu buchen.

Oben und unten

Zum geradezu anachronistisch Ungewohnten des Hotels gehört seine feudale Struktur. Angestellte kümmern sich um den täglichen Bedarf des Gastes wie ehedem das Personal um die Herrschaft. Da wird arrangiert, organisiert, eingekauft, geschleppt, geputzt, gekocht und aufgetragen, meist diskret im Hintergrund, und wir müssen keinen Handgriff tun. Die Gäste dürfen sich wie Lord und Lady fühlen, manchmal umsorgt von einem Butler, der in einigen Hotels zum Service gehört. Es fängt schon vor der Tür an oder spätestens an der Rezeption, wenn alles gut läuft.

Auch im Innern des Hotels gibt es Hierarchien wie bei »Downton Abbey«, vom Maître d'hôtel bis zum Commis de Cuisine, von der Hausdame bis zum Laundry Attendant. Der König des Foyers ist der Concierge mit seinen zwei vergoldeten, gekreuzten Schlüsseln am Revers. Er thront am Eingang, beobachtet das Theater des Ankommens und Abreisens und regiert mit Adressbuch und Telefon.

In den Kellergeschossen großer Häuser eilen die Angestellten durch eine Unterwelt labyrinthisch verzweigter Service-Tunnels für eine diskrete Erfüllung der Gästewünsche. Selbst in der einfachsten Herberge ziehen Zimmermädchen und Roomboys ihre schweren Karren durch die Flure und verschwinden zum täglichen Putzen in den Räumen. Sie werden schlecht bezahlt, arbeiten im Akkord, sehen viel, scheußlichen Schmutz und Beispiele menschlicher Rücksichtslosigkeit, auch in den teuren Hotels. Bei der Trinkgeldvergabe werden sie oft übersehen.

Denn die Gäste haben anderes zu tun. Das Hotel ist nicht nur *ein* Ort heimlicher Begegnungen und verbotener oder schlecht beleumundeter Aktivitäten, es ist *der* klassische Sündenort schlechthin. Es ist das Hauptquartier des Ehebruchs, die Kommandozentrale des Liebesverrats. Krumme Geschäfte, wilde Ausschweifungen, Affären, die Dienste des Escort-Service an der Bar: Wo, wenn nicht im Hotel?

Das Hotel ist öffentlich zugänglich, aber man kann viele Türen hinter sich schließen. Und meistens ist es weit genug von Zuhause entfernt, um Sicherheit vor dem Ertapptwerden zu bieten. 6000 Menschen, die 2014 an einer repräsentativen Umfrage durch das Marktforschungsinstitut One Poll teilnahmen, gaben detailliert Auskunft darüber, wie sie sich im Hotel ausleben. Demnach feierten angeblich 16 Prozent der Befragten aus Deutschland in ihrem Hotelzimmer schon eine wilde Party. Rund jeder Zehnte (11 Prozent) nahm eine neue Bekanntschaft mit aufs Zimmer, genauso viele nutzten es für eine bereits etablierte Affäre.

Zwölf Prozent der Befragten gaben an, aus Hotelzimmern schon etwas gestohlen zu haben; bei nur fünf Prozent war es die Bibel. Knapp jeder fünfte (18 Prozent) trug sich unter falschem Namen ein, und zwar in froher Erwartung eines Aufenthalts, der aus dem Ruder zu laufen versprach. Wenig originell inspirierte jeden Dritten eine Disney- oder Comicfigur beim Eintrag ins Hotelregister, 28 Prozent gaben den Namen eines Filmstars oder Sängers an und ein Viertel den eines Verwandten. Wie dies sein kann in einer Zeit, in der das Vorlegen des Ausweises zu jedem Check-in gehört, ist allerdings die Frage. Oder wir haben es lediglich mit einer weiteren Lüge zu tun. Denn was im Hotel passiert, bleibt im Hotel. Meistens jedenfalls. Die ganz großen Verbrechen an diesem Ort sind ein Kapitel für sich.

II. Politischer Schauplatz

> »These hotels are not consoling places. Far from it.«
> *Virginia Woolf*

Zentrum der Spione

In bewegten Zeiten wächst die Bedeutung von Hotels. Sie werden zu Zeugen historischer Umstände, zu Erinnerungsorten. Sie entwickeln ein Eigenleben. So wie eine Reihe von portugiesischen Hotels im Zweiten Weltkrieg. Das Land war nicht nur zu einem Wartesaal vieler von den Nationalsozialisten verfolgter Europäer geworden, sondern auch zu einem Treibhaus der Geheimdienste. Die Herbergen Lissabons und seiner Umgebung funktionierten als Umschlagplätze politischer Intrigen und Spionage, also als Kulissen einer verborgenen Welt, die uns bis heute fasziniert.

Portugal mochte damals offiziell neutral sein, aber es war ein opportunistischer Balanceakt. Der Ministerpräsident Salazar sympathisierte zwar mit Hitler und dem faschistischen Italien, zugleich aber bestand die uralte Allianz mit Großbritannien. Außerdem belieferte das Land beide Seiten mit dem Metall Wolfram, das zur Veredlung von Stahl in der Rüstungsindustrie nötig war.

Tausende von Menschen überfluteten Lissabon und warteten auf Dokumente, die zur Flucht nach Palästina oder in die Vereinigten Staaten nötig waren. Der Hafen war für viele das Tor zur Freiheit. Das Leben in der Stadt war billig, die Moral locker. Doppel- und Dreifach-Agenten trieben sich herum, Prostitution mischte sich mit Spionage, und die Hotelbars füllten sich mit MI6- und Gestapo-Spitzeln.

Während der Weltkriegszeit sollen die Nazi-Spione Hotels wie das *Atlântico*, das *Grande Hotel do Monte Estoril* und das *Hotel do Parque* in Lissabon und Umgebung bevölkert haben, ebenso das berühmte *Avenida Palace* in der Hauptstadt. Das *Avenida Palace* war durch einen Geheimtunnel mit dem nahegelegenen Bahnhof Rossio verbunden, über den Bahnreisende direkt und diskret vom Bahnhof ins Hotel gelangen konnten. Übrigens entstanden sowohl der Bahnhof als auch das Hotel nach Plänen des berühmten portugiesischen Architekten José Luís Monteiro. Der Tunnel existiert nicht mehr, doch das Hotel empfängt nach wie vor in alter Pracht, innen aber frisch renoviert.

Die Agenten der Alliierten bevorzugten das *Grande Hotel da Itália* und das *Hotel Palácio* im 30 Autominuten von Lissabon entfernt gelegenen Estoril und das *Aviz* in Lissabon. James-Bond-Autor Ian Fleming war mit dem Geschehen eng vertraut – 1941 arbeitete er vor Ort für den britischen Geheimdienst. Zwischen den Roulette-Rädern und Blackjack-Tischen im Casino Estoril fand er reichlich Material für seinen ersten 007-Roman, »Casino Royale«, und dessen lässig-elegante Hauptfigur. Dort mischte sich der Adel mit Spionen und wohlhabenden jüdischen Emigranten. Fleming selbst wohnte damals im *Palácio*, das auch von Mitgliedern königlicher Familien im Exil frequentiert wurde, die einfach so taten, als seien sie in den Ferien. In Estoril lebten so viele von ihnen, dass das »Life Magazine« den Ort als das »königliche Leichenschauhaus Europas« bezeichnete.

Der populärste Drink in der Hotelbar des *Palácio* war der Martini – geschüttelt, nicht gerührt. Eine Ausnahme galt, wenn die Alliierten eine Schlacht in Nordafrika gewonnen hatten. Dann wurden die Agenten durch den »Champagne News Service« informiert, und die besten Flaschen wurden geöffnet. Die Bar mit den ledernen Hockern und den schweren Sesseln ist immer noch spärlich beleuchtet und dunkel paneeliert, wie ehedem. Besichtigen kann man das Haus übrigens auch, ohne zu reisen: Im Bond-Film »On Her Majesty's Secret Service« hatte es 1969 noch einmal einen großen Auftritt.

Treffpunkt der Macht

Institutionen aller Art nutzen Hotels besonders in Krisenzeiten gern für ihre eigenen Zwecke. Sie besitzen die ideale Infrastruktur. Denn am Ende des Tages ist auch das schönste Grand Hotel nur ein Haus mit vielen Räumen, das flexibel nutzbar ist und vielen Menschen Kost und Logis bieten kann. In Friedenszeiten schaffen große Gästehäuser mit ihren geräumigen Sälen ideale Voraussetzungen für Parteikonferenzen und andere Versammlungen. Zimmer, Suiten, Bars und verschwiegene Winkel eignen sich als ideale öffentliche und zugleich diskrete Plätze für Gespräche.

Diese Eigenschaften aber machen sie nicht nur zum geeigneten Dreh- und Angelpunkt einer bestimmten Klientel, sondern auch zur Arena für politische Verhandlungen und Entscheidungen im großen oder kleinen Kreis, für dramatische Entwicklungen oder auch nur deren Planung am Hotelschreibtisch. Im Notfall dienen sie Diplomaten, Soldaten, Journalisten, Hilfsorganisationen, Politikern, Revolutionären, Terroristen und Emigranten als Heimat oder Hauptquartier auf Zeit. Manchmal werden sie zur Bühne von Einzelgesprächen mit historischer Wirkung.

Im Zürcher *Baur Au Lac* fand 1892 ein Treffen zwischen Bertha von Suttner und Alfred Nobel statt, bei dem die österreichische Schriftstellerin den schwedischen Unternehmer und Dynamiterfinder davon überzeugte, den Friedensnobelpreis zu stiften. 1922 entwarf der irische Revolutionär und Politiker Michael Collins die irische Verfassung im Zimmer 112 des *Shelbourne Hotel* in Dublin. In Raum 214 des *Watergate Hotel* in Washington wurde der Diebstahl geplant, der zur Abdankung von Richard Nixon führte. So ließe sich seitenlang fortfahren, und noch immer wäre nicht die Hälfte erzählt.

Mit wenigen Ausnahmen sind es Fünf- oder wenigstens Vier-Sterne-Etablissements, in denen Geschichte geschrieben wird oder die von denen aufgesucht werden, die sie machen. »Das liegt vielleicht daran, dass die Menschen sich in solchen Häusern sicherer fühlen«, sagt Jane Shenton, die jahrelang als stellvertretende Europa-Direktorin für *Médecins Sans Frontières* (MSF) arbeitete und viele Kriegsschauplätze der Welt gesehen hat – wobei Hilfsorganisationen wie MSF in der Regel deutlich bescheidenere Unterkünfte bevorzugten, wie sie ergänzt. »Doch der Sicherheitsgedanke ist vermutlich nur eine Illusion. Diese Hotels haben Türsteher, die aber genauso gut Agenten von Regierungen sein können. Allerdings besteht die Hoffnung, dass die örtliche Polizei Notrufe aus Hotels dieser Kategorie ernster nimmt als solche aus anderen.«

Dass auch Hotels gehobener Klasse zur Falle werden können, zeigte sich – nicht zum ersten Mal – im Oktober 1984, als eine IRA-Bombe im *Grand Hotel* im englischen Brighton während einer Parteikonferenz der Konservativen explodierte und mehrere Stockwerke zum Einsturz brachte. Fünf Teilnehmer starben, viele andere wurden verletzt. Die Premierministerin Margaret Thatcher kam knapp mit dem Leben davon. Trotzdem bestand sie darauf, die Tory-Konferenz am folgenden Tag zur vorgesehenen Zeit zu beginnen, und hielt, wie geplant, eine Rede. Wie um diese Geste zu bekräftigen, besuchte die Eiserne Lady 1986 die Feier zur Wiedereröffnung des unterdessen wieder instandgesetzten *Grand Hotel,* während eine Concorde es zu Ehren des Anlasses im Tiefflug überquerte. So gedachte die Regierung der Opfer des Attentats und setzte ein Zeichen der eigenen Unbeugsamkeit – im Donnerhall der Macht.

Kriege können die Funktion großer Hotels grundlegend verändern. Das *Goring* in London, jenes alte Familienhotel, in dem die Duchess of Cambridge den Vorabend ihrer Hochzeit verbrachte, wurde von November 1917 bis September 1919 zum Hauptquartier der US-Armee in London. Im Zweiten Weltkrieg hielt Winston Churchill dort Konferenzen ab, und ein Stockwerk höher residierten exilierte Angehörige der polnischen Armee. Im *Savoy*, das sich luxuriös ausgestattete Luftschutzräume leistete, verwandelten sich teure Suiten in Newsrooms für Kriegsberichterstatter. In den Fluren wimmelte es von Diplomaten, Financiers, exilierten Hoheiten, Spionen und Kriegsgefangenen. Unterdessen wurde in den Sälen weiter auf hohem Niveau diniert, getanzt und aufgespielt, während im Blitzkrieg die Bomben fielen.

»Had a few drinks. Pretty bad blitz, but not as bad as Wednesday«, notierte der Dramatiker und Schauspieler Noël Coward in seinem Tagebuch. Während er Chansons sang und das Orchester spielte, »fielen einige Bomben, eine Wand wölbte sich und eine Tür krachte ein«. Trotzdem hörte niemand auf zu essen oder zu reden. »Im Ganzen ein seltsamer und sehr amüsanter Abend«, resümierte Coward. »Die Leute benahmen sich großartig. (…) Ich hätte die Erfahrung um nichts in der Welt missen wollen.« Den Armen im ausgebombten Londoner Eastend blieb das Wohlleben hinter der Drehtür am Strand nicht verborgen. Mehrfach protestierten sie gegen die »Savoy-Hotel-Parasiten« und tauchten vor Ort mit Bannern auf, die »Ration the Rich!« forderten.

In Krisengebieten werden bestimmte Hotels zu Zufluchtsorten, die unter Journalisten, Diplomaten und Mitarbeitern von Hilfsorganisationen Legendenstatus erreichen. Nur selten sind die Geschehnisse so dramatisch wie im *Mille Collines* in Kigali. Es beherbergte 1994 während der Zeit des Völkermordes in Ruanda rund

1200 Flüchtlinge, die damit unter komplizierten Umständen durch seinen Direktor gerettet wurden. Zehn Jahre später erzählte der Oscar-nominierte Film *Hotel Ruanda* von den Ereignissen. Das Hotel, in dem Hunderte um ihr Leben bangten, gibt es immer noch. Heute kann man dort für 117 Pfund pro Nacht, Pool, Flughafenshuttle und Fitnesscenter inklusive, übernachten.

Die berühmteste und vielleicht luxuriöseste Unterkunft in einer Gefahrenzone ist das *American Colony Hotel* in Ost-Jerusalem. Es liegt an der Schnittstelle zwischen Ost- und West-Jerusalem und ist seit mehr als hundert Jahren ein Anlaufpunkt für Journalisten, Diplomaten und Politiker von Lawrence von Arabien bis Tony Blair. In seinem Inneren bleibt es selbst bei großer Sommerhitze kühl, auch dank der alten Steinböden, die mit Bedacht nie erneuert wurden. Sie zeigen Risse und Spuren des Alters, die auch eine Art Triumph sind: Das Hotel hat alle schweren Krisen der Stadt überlebt.

Es heißt, das *American Colony Hotel* sei der Ort, an dem Menschen aufeinander zugehen würden, die anderswo nicht miteinander redeten. Der ehemalige Palast eines türkischen Paschas ist der Boden, auf dem sich Konfliktparteien begegnen und zusammen essen oder trinken. Dort, in der Suite Nummer 16, begannen die Gespräche, die 1993 zu den Abkommen im Oslo-Friedensprozess führten. Fast immer lassen sich historische Ereignisse in Hotels anhand der Zimmernummer genau lokalisieren, und diese Informationen werden durch die Generationen weitergereicht. Zum Hotel wurde das *American Colony* unter der Leitung einer strenggläubigen christlichen und sozial engagierten Familie aus Chicago im Jahr 1902. Bis heute ist das Haus in Familienbesitz geblieben, und bis heute ist es der Inbegriff des neutralen Hotels.

Nicht immer sind die Herbergen, in denen Berichterstatter und andere Expats sich in Kriegsgebieten treffen, so feudal wie das *American Colony*. Oft fehlen Wasser und Strom, Sicherheit sowieso. Dafür werden sie zu Oasen der Arbeit und des übermäßigen Alkoholkonsums. Wenn man den Berichten derer glauben darf, die dagewesen sind. Das *al-Rashid Hotel* in Bagdad war ein solcher Ort, während Korrespondenten im Frühjahr 2003 auf den Einmarsch der US-Truppen warteten. Das *Dama Rose* in der syrischen Hauptstadt Damaskus gab unverdrossen Pool-Partys, während sich der Rauch der über den Vororten abgeworfenen Bomben in den Himmel schraubte, berichtete die New-York-Times-Autorin und Journalistin Janine di Giovanni, die auch das *Caravelle* in Saigon, die *Gandamack Lodge* in Kabul und das *Fairview* in Nairobi zu den Hotels in Gefahrenzonen zählt: »Die Liste ist endlos.«

Die Unterkünfte an der Front wurden Zeugen von Kriegen, aber auch der Widerstandskraft und Überlebensfähigkeit ihrer Städte. Während der Belagerung von Sarajewo von 1992 bis 1995 wurden im *Holiday Inn* die Betten selbst dann noch gemacht, als das Haus schon unter Beschuss stand. Unter den widrigsten Umständen sollte der Anschein von Normalität gewahrt bleiben. »Das *Holiday Inn* war ein seltsamer Ort. Fast wie ein Fort inmitten einer Belagerung«, erinnert sich der Magnum-Fotograf Paul Lowe. Wenn er die Herberge verließ, fielen die Granaten, und Heckenschützen zielten auf die Knie des Journalisten. Bei der Rückkehr ins Hotel sah er Gäste beim Kaffeetrinken, man ging zum Abendessen und wurde von Kellnern in Jackett und Fliege bedient.

Trotzig kam das *Holiday Inn* dem Grundbedürfnis nach einer geordneten, vertrauten Wirklichkeit entgegen. »Von der Außenwelt ins Hotel zu gehen war wie eine Reise in ein Paralleluniversum«, berichtet Paul Lowe. 2013 wurde das erst 1984 zu den Olympischen Winterspielen gebaute Haus an eine andere Hotelgruppe verkauft, im Pandemie-Jahr 2020 drohte ihm die Schließung. Doch das *Holiday Inn,* das in seiner relativ jungen Geschichte schon so viel erlebt hat, steht immer noch – ein gelber, inzwischen renovierter Kasten inmitten der Stadt, unter dem neuen Namen *Hotel Holiday*. Nach Beendigung der Konflikte vollzog sich der Übergang zum zivilen Alltag mit verblüffender Umstandslosigkeit.

Emigrantenhotel I: Hotel Lux, Moskau

Manche Gästehäuser werden für Momente zu Schauplätzen der Weltgeschichte, andere bleiben es jahrelang. Einige halten die mehr oder weniger glorreiche Erinnerung wach, andere ändern ihren Namen, ihr Gesicht oder ihren Charakter im Laufe der Jahre. Und das nicht nur einmal, sondern mehrfach.

Zwei Unterkünfte, in denen es vor und während des Zweiten Weltkriegs um Leben und Tod ging, waren das *Hotel Lux* in Moskau und das *Lutetia* in Paris. Das *Lux* entstand 1911 als gehobenes Hotel an der Twerskaja-Straße im Zentrum Moskaus unter dem Namen *Hotel Franzija*. Schwere Säulen flankierten sein Eingangsportal, das Foyer war mit rotem Marmor ausgelegt. In den zwanziger Jahren war es vorbei mit der Bürgerlichkeit, das inzwischen verstaatlichte Haus wurde zum Quartier von kommunistischen Funktionären, Revolutionären und Delegierten aus aller Welt. Sie reisten als Gäste der sowjetischen Machthaber an oder der von der Sowjetunion dominierten Weltorganisation kommunistischer Parteien, kurz »Komintern« genannt. So wurde das Hotel als »Feldlager der Weltrevolution« bekannt.

In den dreißiger Jahren strömten Emigranten ins *Lux*, darunter auch deutsche Exil-Kommunisten in großer Zahl. Für viele wurde der Zufluchtsort zum Alptraum. Trotzkisten und andere, die im Kontakt mit in Ungnade gefallenen Kommunisten standen, schwebten in ständiger Gefahr, der »Säuberungen« genannten Ausrottung aller angeblichen Gegner Stalins zum Opfer zu fallen. Bei der Anreise mussten die Gäste ihre Pässe bei der Rezeption abgeben und erhielten einen Passierschein des Hotels. Ohne ihn konnten sie das Haus weder verlassen noch betreten. Viele berichteten später von der nächtlichen Panik, wenn schwere Schritte in den Fluren zu hören waren, gefolgt vom Klopfen an Zimmertüren, das den Abtransport ins Arbeitslager, in eine Folterzelle oder den sofortigen Tod bedeuten konnte. Manche Gäste verbrachten Jahre im *Lux*, gezwungen durch den Krieg oder politische Umstände. In keiner Schilderung dieser Zeit fehlt der Hinweis auf die Ratten und das Ungeziefer in den 300 Zimmern mit ihren rund 600 Bewohnern.

Als die Deutschen 1941 vor Moskau standen, wurde das Hotel für kurze Zeit evakuiert. In den fünfziger Jahren erhielt es seinen dritten Namen, *Hotel Zentralnaja,* und versank in die gnädige Bedeutungslosigkeit eines normalen Hotels. Ein Teil wurde als Bürofläche genutzt. Vor Ort erinnert heute nichts mehr an seine politische Vergangenheit, auch keine Gedenktafel. Statt dessen sorgten ehemalige Gäste für seinen Nachruhm. Ruth von Mayenburg zum Beispiel, die Frau des österreichischen Kommunisten und späteren Eurokommunisten Ernst Fischer, die 1938–45 im *Lux* logierte. Sie schreibt ironisch: »Unser erhabenes Gebäude beherbergte in wanzenbelebten Mehrbettzimmern in den unteren Etagen künftige Staatsmänner von welthistorischer Bedeutung wie Tschou En-lai und Ho Chi Minh.«

1991 besuchte Mayenburg das *Lux* noch einmal, als sie Heinrich Breloer bei den Dreharbeiten für seinen Dokumentarfilm über Herbert Wehner begleitete, und rekapitulierte die Wiederbegegnung mit dem Schreckensort später in ihrem Buch *Hotel Lux. Die Menschenfalle.* Der deutsche Regisseur Leander Haußmann widmete dem Haus 2011 einen Spielfilm, der mit makabrem Humor von seiner Vergangenheit unter Stalin erzählt. Seit mehr als zehn Jahren bestehen Pläne, es in ein Luxushotel zu verwandeln, verschiedene große Hotelketten meldeten Interesse an. Aber immer steht dem Fortkommen des Projekts irgend etwas im Weg. Unbekannt ist auch, unter welchem Namen es seine Gäste empfangen wird, falls es eines Tages zu seinen mondänen Anfängen zurückkehrt. Mit der Zukunft scheint das Hotel so viel Mühe zu haben wie mit der Vergangenheit.

Emigrantenhotel II: Hotel Lutetia, Paris

Was dem *Lux* in Moskau noch nicht gelungen ist, ist an einem anderen Ort europäischer Geschichte schon Wirklichkeit geworden: Das Hotel *Lutetia* in Paris ließ 2018 die Albträume seiner Vergangenheit hinter sich und hat sein Leben als Nobelhotel wieder aufgenommen. Vier Jahre dauerte die Renovierung des in den zehner Jahren des 20. Jahrhunderts erbauten Hauses am linken Seineufer zwischen dem intellektuellen Paris der »Rive Gauche« und dem vormals aristokratischen Faubourg Saint-Germain.

Heute überstrahlt das weiße Eckhaus die Nachbarschaft wieder im Glanz seiner alten Größe, ganz in der Nähe des Kaufhauses Bon Marché, dessen Kunden aus der Provinz es einst beherbergte. Das Foyer, das jahrzehntelang im trüben Dämmerschlaf lag, ist nicht wiederzuerkennen. Die halb öffentlichen Innenräume sind so steinern, gläsern, hoch und kühl, als hätte das Palasthotel nie etwas anderes als die Parallelwelt eines entspannten Luxus gekannt.

In Wirklichkeit war das *Lutetia* in den dreißiger Jahren ein Treffpunkt von Emigranten gewesen, wie das *Lux*. Heinrich und Klaus Mann, Lion Feuchtwanger und Max Horkheimer kamen dort auf der Flucht vor den Nationalsozialisten unter. Dann kamen die Nationalsozialisten selbst, besetzten das Hotel in den »années noires«. Zwischen 1940 und 1944 wurde es zum Sitz der Abwehr, des militärischen Geheimdiensts der Wehrmacht. Die Fenster im Erdgeschoss wurden mit Brettern zugenagelt und der Haupteingang und die Fassade mit Stacheldraht überzogen.

Die Gefangenen wurden in einem Zimmer mit Blick auf das

Gefängnis in der Rue du Cherche-Midi mit seinen berüchtigten Einzelzellen befragt. Es diente den Deutschen während der Besatzung als Gefängnis für politische Häftlinge, die dort auch gefoltert und exekutiert wurden.

Nach dem Krieg kehrte sich alles um, und deutsche Kriegsgefangene wurden im Prison du Cherche-Midi inhaftiert. Noch dramatischer wechselten die Gäste des *Lutetia*. Vom Frühjahr 1945 an empfing es statt Gestapo-Offizieren Tausende von Überlebenden aus Konzentrations- und Vernichtungslagern. Es wurde zum Auffang-, Sammel- und Anlaufpunkt der Deportierten, die nach Frankreich zurückkehrten. Über diese Zeit entstanden später Dokumentarfilme und Ausstellungen, die darauf hindeuten, dass die, die sich mit dem Thema befassten, nicht mehr davon loskamen.

Zu ihnen gehörte Frankreichs Literaturpapst Pierre Assouline, der jahrzehntelang für seinen Roman »Lutetias Geheimnisse« (2006) recherchierte und die dunklen Jahre aufarbeitete. Natürlich weiß Assouline auch, wie selbstsicher das *Lutetia* geglänzt hatte, bevor es die Angst kennenlernte und die Exilanten, die Gestapo-Offiziere und die Holocaust-Überlebenden durch seine Gänge zogen. Noch Jahrzehnte nach dem Krieg lud die Direktion an jedem ersten Donnerstag im Monat die Überlebenden des Grauens ins *Lutetia* ein. Zugleich bemüht sich das Hotel, das traditionell vor allem von französischen Gästen frequentiert wurde, an seine glanzvollen Jahre der Vor- und Nachkriegszeit anzuknüpfen. Es will mit der Erinnerung an Gäste wie Catherine Deneuve und Josephine Baker an eine weniger beschwerte Art von Ruhm erinnern.

Häuser der Geschichte: vom Umgang mit der Erinnerung

Der Umgang mit einer schwierigen Vergangenheit ist heikel für Hotels. Sie sind angewiesen auf eine Klientel, die im Hier und Jetzt lebt und zählt und zahlt. In der Regel erinnert man bestenfalls an erfreuliche Ausschnitte der eigenen Geschichte, um die Heiterkeit der Gäste nicht zu gefährden.

Doch es gibt Ausnahmen. Wie die Hotels in Texas, die Bonnie & Clyde stolz und frivol zu ihren Besuchern zählen. Ernsthafter und keineswegs an Werbung in dieser Sache interessiert, unterschlug das Weimarer *Hotel Elephant* auf seiner Website lange nicht, Adolf Hitlers Lieblingshotel gewesen zu sein. Das hat sich inzwischen geändert, sein Name ist verschwunden.

Einen selektiven Blick auf die Vergangenheit praktiziert das exquisite *Beau Rivage* in Genf. Mit einer Statue vor dem Haus gedenkt es der österreichischen Kaiserin Sisi. Das Hotel war ihr letzter Aufenthaltsort: Sie starb dort nach dem an der Promenade des Genfersees auf sie verübten Attentat eines Anarchisten. Doch wer an Sisi denkt, erinnert sich nicht zuerst an ihr gewaltsames Ende, sondern an die schönen Requisiten und Kulissen ihres Lebens und vielleicht noch an die Schauspielerin Romy Schneider, deren Filmrolle zu Sisis Unsterblichkeit beitrug. Das romantische Nachleben in Film und Folklore prägt die Erinnerung stärker als die unerfreulichen Fakten der Geschichte.

Den deutschen CDU-Politiker Uwe Barschel hingegen möchte das *Beau Rivage* lieber vergessen. In Zimmer 317 wurde am 11. Oktober 1987 sein vollständig mit Hemd und Krawatte bekleideter Leichnam gefunden, in einer mit Wasser gefüllten Badewanne. Mehr als dreißig Jahre, Hunderte von Zeitungsartikeln und einige Bücher später sind die Umstände seines Todes immer noch ungeklärt. Die Zimmernummer wurde zeitweilig geändert, die Badewanne ausgewechselt. Die komplizierte Geschichte von Barschel, der in eine der größten Polit-Affären der deutschen Nachkriegszeit verstrickt war, verkaufte sich gut am Zeitungskiosk. Für die Werbung eines luxuriösen, diskreten Hotels aber ist sie wenig geeignet. Allerdings wurde Barschels Ende aus Schweizer Sicht mit einer gewissen Gelassenheit betrachtet. »Sein Tod war für mich zunächst nichts Ungewöhnliches«, erklärte Hoteldirektor Mayer Jahre später der »Süddeutschen Zeitung« (SZ vom 17.05.2010). »Ich habe immer wieder Tote aus der Badewanne oder aus dem Bett geholt. In einem Hotel spielen sich eben auch Dramen ab.«

Eine Ausnahme im Spiel um Vergessen und Erinnerung in historisch bedeutsamen Hotels bildet das *Lorraine Motel* in Memphis, Tennessee. Es unterscheidet sich von anderen Herbergen, die in die Geschichte eingingen, durch sein bescheidenes Ambiente. Es wurde von Afroamerikanern geführt und frequentiert.

Auf seinem Balkon wurde Martin Luther King 1968 ermordet. »Langlebigkeit hat ihren Wert. Aber darum bin ich jetzt nicht besorgt«, (zitiert nach: Herder, »Spectrum«) hatte der 39-jährige Baptistenprediger aus Atlanta, Georgia, der Gründer der größten Protestbewegung in der Geschichte der Afroamerikaner, am Vorabend seines Todes in seiner letzten Rede noch gesagt. Der Mord führte zu schweren politischen Unruhen, grub sich als einschneidendes Ereignis in das Bewusstsein des Landes ein und ist – wie das Attentat auf John F. Kennedy – ein amerikanisches Trauma geblieben. Das *Lorraine Motel* nahm nach der Tat seinen Betrieb nicht wieder auf, weigerte sich, zur Tagesordnung überzugehen. Statt dessen trug es zur Langlebigkeit der Erinnerung an Martin Luther King bei: Im Laufe der Jahre wurde es zu einem Museum der Bürgerrechtsbewegung erweitert.

Die Fassade blieb unverändert erhalten, ebenso wie das Hotelzimmer 306, das Martin Luther King bewohnte, bevor er am 4. April 1968 kurz nach 18 Uhr den Balkon auf dem zweiten Stockwerk betrat und erschossen wurde. Auf einem kleinen Tisch neben dem Bett stehen noch Kaffeetassen, Wassergläser und ein gefüllter Aschenbecher. Es sind die alltäglichen Details, die den Anblick so erschütternd machen. Sie heben sich dramatisch von der Tat ab, die das *Lorraine Motel* Minuten später zum Schauplatz der Geschichte machen sollte.

III. Drehscheibe der Gesellschaft

»Hotel rooms inhabit
a different moral universe.«
Tom Stoppard

Tatort Hotel: mit der Leiche durchs Foyer

Die Managerin war erst ein paar Tage in ihrem Job, als sie ihren ersten toten Gast sah. Er blieb nicht der einzige. »Das passierte dauernd. Selbstmorde, Überdosen, Morde«, erzählt Amy Price in einer TV-Dokumentation. »Gibt es überhaupt noch ein Zimmer, in dem niemand gestorben ist?« In den zehn Jahren ihrer Arbeit im berüchtigten *Cecil Hotel* in Los Angeles registrierte sie rund 80 Todesfälle. Im Volksmund wurde das Haus mit den früher 700 Gästezimmern *Hotel Death* oder auch *The Suicide* genannt.

Eine mehrteilige Fernsehserie nahm einen dieser Todesfälle zum Anlass, nicht nur hinter die Kulissen zu blicken. Sie interessierte sich auch dafür, was vor der Tür des Gästehauses in 640 South Main Street in Downtown L.A. täglich passierte. Als Amy Price 2007 ihre Arbeit im »schlimmsten Hotel der Stadt« aufnahm, war es von Straßen umgeben, die seit den siebziger Jahren nicht nur als Hauptquartier der Obdachlosen galten, sondern auch als einer der »größten Open-Air-Drogenmärkte der USA« bezeichnet wurden. Immer noch kampieren Obdachlose der »Skid Row« genannten Gegend in nächster Nähe. Das Hotel gab einer ganzen Reihe von Wohnungslosen eine bescheidene Heimat und ließ sie für wenig Geld jahrzehntelang dort leben.

Aber es zog auch gefährliche Gäste an. Richard »Nightstalker« Ramirez, der Serienkiller, der Los Angeles und San Francisco Mitte der achtziger Jahre heimsuchte, stieg zwischen seinen Morden im *Cecil Hotel* ab. Dessen Ruf lockte den Österreicher Jack Unterweger an, der 16 Jahre wegen Mordes in Haft verbracht hatte, wo er sich als von der Intelligenzija verehrter Gefängnispoet etablierte. Nach seiner Freilassung 1990 wurden ihm im Jahr 1994 weitere Morde zur Last gelegt, unter anderem in Los Angeles. Amy Price nahm die Schreckensszenarien in ihrem Hotel in der Skid Row erstaunlich gelassen: »Ich war während meiner Zeit dort mit viel Hässlichkeit konfrontiert, aber Dunkelheit gibt es überall, wohin man geht.«

Heute fungiert das inzwischen renovierte und sanft gentrifizierte *Cecil* unter dem Namen *Stay on the Main* als Hostel für junge Leute. Obwohl es nicht mit den Räumen der prominenten Verbrecher wirbt, weiß man dort, was Verbrechen im Hotel in der Erinnerung so besonders macht. »Es ist ein Ort, der sich leichter finden lässt, der greifbarer ist als eine Straßenbiegung auf dem Land, an der sich ein Unfall ereignete«, diagnostiziert die Ex-Managerin Price die morbide Faszination des Hauses. »Ein Hotelzimmer ist auch genauer lokalisierbar als ein anonymer Krankenhausraum.«

Für Strafverfolger ist der genau umgrenzte Tatort Hotel ebenfalls von gewissem Vorteil, und dies nicht nur in einem Schreckenspalast wie dem *Cecil* in L.A. Die Beteiligten hinterlassen Spuren, und die hotelinternen Überwachungsmaßnahmen können wichtiges Beweismaterial liefern. Viele Häuser haben Kameras installiert, und in der Regel muss sich eine Person pro Zimmer beim Empfang anmelden und einschreiben. Auch mögen sich das Personal oder andere Gäste später an die Täter erinnern.

In Zürich wurde der sogenannte Dolder-Mord – im *Hotel Dolder Grand* – berühmt. In einem der Zimmer tötete ein Schweizer Finanzexperte eine junge Prostituierte, transportierte sie in einem mitgebrachten Rollkoffer aus dem Hotel und deponierte den Koffer samt Leiche tagelang im heimischen Weinkühlschrank, nicht ohne zuvor Duftstecker verteilt zu haben, damit seine Lebensgefährtin durch den Geruch nicht alarmiert würde. Vor Gericht wehrte sich der Mann lange gegen den Vorwurf der vorsätzlichen Tötung. Dem Täter auf die Spur kam die Polizei dann aber dank eines Hotelmeldescheins. Offenbar hatte er ein Zimmer für zwei gebucht. Beim Verlassen des *Dolder Grand* war er allein, aber mit schwerem Gepäck.

Dass der Hoteltod per se der Schrecken des Managements ist, konnten Uneingeweihte schon 1979 in der Folge »The Kipper and the Corpse« aus der Fernsehserie »Fawlty Towers« lernen. Der klassischste aller britischen Comedians, John Cleese, macht sich über die makabren Effekte eines solchen Ereignisses lustig.

In der Regel sind es nicht die spektakulären Fälle, sondern die kleineren Vergehen, die den Hotels zu schaffen machen. Die »Neue Zürcher Zeitung« berichtete 2017 über eine Frau, die jahrelang die Züricher Luxushotellerie auf Trab hielt, »weil sie allen Verurteilungen, Ermahnungen und Landesverweisungen zum Trotz immer wieder in die Schweiz einreist und stante pede die nächste Nobelherberge ansteuert«. Dort bestellte die Dame mit dem Felix-Krull-haften Gemüt am liebsten Rosé-Champagner und Filet und scherte sich keinen Deut darum, dass sie nur noch siebzehn Franken und fünf Rappen besaß.

Audienz im Schlafzimmer: Die Prominenz hält Hof

Im Hotel kann sich der Gast als König fühlen, wenn er will und genug dafür bezahlt. Aber nicht nur Durchschnittsbürger können feudale Phantasien zwischen Aufzug, Lobby und Bar spinnen. Nobel residieren, empfangen und Differenz zum Fußvolk markieren möchte auch die Elite der heutigen Populärkultur.

Bei Interviews großer Stars mit Dutzenden, oft von weither angereisten Journalisten wird die Hotelsuite zum Audienzraum.

Manche Berühmtheiten lassen oft halbe Tage auf sich warten. Wenige, wie Madonna bei Gelegenheit, geben ihre Interviews gleich auf dem Bett liegend, umgeben von Mitgliedern ihrer Entourage. Dabei wird keineswegs Intimität simuliert, denn das Zimmer ist voller Menschen. »Sycophant, Sycophant, Madonna«, zählte die TV-Moderatorin Ruby Wax bissig die anderen im Schlafzimmer Anwesenden ab, als sie die Popsängerin 1994 im Pariser *Ritz* für die BBC interviewte.

Der französische »Sonnenkönig« Ludwig XIV. hatte das Zeremoniell des *lever* am Hof von Versailles erfunden, einen Morgenempfang im Schlafzimmer, umringt von Auserwählten des Hochadels. Das ebenfalls feierlich inszenierte abendliche Gegenteil, ein Empfang vor der Bettruhe, wurde als *coucher* bezeichnet. Das Schlafgemach des Herrschers markierte das Zentrum seines Schlosses und des Hofzeremoniells, vom Bett aus wurde Politik gemacht, wurden Gesandte und Diplomaten gedemütigt oder hofiert. Die Sprechstunden der Film- und Pop-Sterne, Sonnenkönige unserer Zeit (wenn auch nicht von Gottes Gnaden, sondern von der Gunst des Publikums dazu erhoben), erinnern von Ferne daran. Zu den Star-Empfängen à la Versailles gehört die sorgfältig inszenierte Fallhöhe zwischen den Audienzgebern und den Geladenen.

Scheinbar – aber nur scheinbar – weit davon entfernt war das *bed-in*, das John Lennon und Yoko Ono im *Hilton Amsterdam* veranstalteten. John und Yoko hatten am 20. März 1969 geheiratet, rauschten im weißen Rolls-Royce im *Hilton* an, bezogen die Präsidentensuite und empfingen die halbe Welt zu ihrem Honeymoon. Die per Karte eingeladenen Presseleute erschienen in großer Zahl, rauchten, redeten und betrachteten die handgeschriebenen Plakate, die für »Bed Peace« und »Hair Peace« warben.

Vom 25. bis 31. März 1969 saßen John und Yoko in ihren Pyjamas im Bett, sprachen zwischen neun und 21 Uhr über den Frieden und machten also Politik. Weil der Protest gegen den Krieg vom Hotelbett aus so gut lief, lancierten sie nochmals eine ähnliche Aktion im *Fairmont the Queen Elizabeth*-Hotel in Montreal. Dieses Mal gab es Partys in der Suite, Dichter wie Allen Ginsberg und Berühmtheiten wie der Musikproduzent Phil Spector tauchten auf und sorgten für zusätzliches Aufsehen. Aber es kam noch besser. John Lennon schrieb »Give Peace a Chance« in dem Zimmer und nahm den Song vor Ort auf. Auch in einem anderen Song kam John Lennon noch einmal auf das *bed-in* zurück: »Haben eine Woche im Bett geredet, die Medienleute fragten: Hey, was macht ihr da? Ich sagte, wir wollen nur ein bisschen Frieden für uns schaffen.« Das Ganze trug die Grundzüge eines königlichen Schlafzimmer-Empfangs.

Schon damals wurden die Aktionen als Meisterstücke der Vermarktung registriert. John und Yoko wussten, wie es ging. Auch für das Hotel war es eine Win-win-Situation. Bis heute wird die komplett renovierte und disneyfizierte »John and Yoko«-Suite für um die dreitausend Dollar pro Nacht vermietet. Das *bed-in* wäre nur halb so wirksam gewesen, hätten John und Yoko, zwei Sonnenkönige der Popkultur, sich entschieden, ihre Aktion zu Hause oder in einem Privatwohnsitz abzuhalten. Erst der Schauplatz gab der Sache, die andernfalls ins allzu kuschelig Private abgerutscht wäre, einen offiziellen Anstrich.

John und Yoko waren nicht die ersten Musiker, denen das Hotel ein Forum zur Bekräftigung ihres Ruhms und ihres Status bot. Nach der Premiere seines »Otello« erschien Giuseppe Verdi auf dem Balkon seiner Suite im heutigen *Grand Hotel et de Milan*, damals *Albergo di Milano*. Davor hatte sich eine Menschenmenge versammelt, die dem Maestro zujubelte, auch dies ein wahrhaft königlicher Auftritt. Verdi gehörte zu den Langzeitbewohnern des Hotels, der das Stadtleben allerdings im Wechsel mit dem ruhigen Dasein in seinem Landhaus in Sant'Agata genoss. Der Mittelpunkt seiner schöpferischen Arbeit, die *Scala*, lag nur Schritte vom *Albergo di Milano* entfernt, das die Bewohner als eine Art öffentliche Residenz des Komponisten betrachteten. Bei seinem letzten Besuch baten die Mailänder das Hotel, das sich der Sache selbstverständlich annahm, um Bulletins zum bereits kritischen Gesundheitszustand des Komponisten. Am 27. Januar 1901 starb Verdi dort. Auch dieses Haus profitiert bis heute von seinem Star-Gast: Die Verdi-Suite (No. 105) blieb erhalten, angeblich fast unverändert, und wirbt seit mehr als hundert Jahren mit ihrem einstigen Bewohner.

Paranoiamaschine: Snowden in Hongkong

Natürlich dient der Standort Hotel Menschen im öffentlichen Leben nicht immer als Kulisse der eigenen Nobilitierung. Manche nutzen es als Rahmen, der ihnen das Zusammentreffen mit anderen ermöglicht, ohne jenen einen Einblick ins Privatleben zu geben. Genauer gesagt: Für bestimmte Verhandlungen und Interviews eignet sich das Hotel schlicht als neutraler Boden. Oder auch als Versteck. So entstanden Teile des vielfach ausgezeichneten Dokumentarfilms *Citizenfour* über den NSA-Skandal und über Flucht und Enthüllungen des Edward Snowden im *Mira Hong Kong*. In einem gesichtslosen Raum dieses Hotels spricht der Whistleblower vor der Kamera der Filmemacherin Laura Poitras acht Tage lang mit mehreren Journalisten.

Während das Hotel im Interviewzusammenhang neutrales Terrain markiert, spielt es in den danach gedrehten Filmsequenzen überraschenderweise noch eine andere Rolle. Beim Interview sitzt Snowden auf dem Bett in dem engen, schmucklosen Raum. In einigen Szenen, die in seinem Hotelzimmer gedreht sind, sieht man ihn im Bett, vor seinem Spiegel; andere Einstellungen zeigen das Hotel aus der Distanz. Damit entsteht Bedeutung: Die Aufnahmen vermitteln die prekäre Situation des Whistleblowers, die einer Gefangenschaft ähnelt, weil er im Verborgenen lebt. »Ein Spielfilmregisseur hätte sich vermutlich kein beklemmenderes Setting einfallen lassen können, um zu zeigen, dass hier das Gefängnis von Snowdens einsamen Vorausplanungen endet, und eine Art von Gefängnis und Einsamkeit beginnt, in der die anderen am Ball sind«, schrieb Peter Richter am 13. Oktober 2014 in der »Süddeutschen Zeitung«.

Nach vier Interview-Tagen zieht Snowden ins Zimmer der längst zur Komplizin gewordenen Regisseurin, um immer zahlreicher werdenden Telefonanrufen zu entgehen. Denn unterdessen hat er seine Identität bekanntgegeben und Medien sind seinem Aufenthaltsort im *Mira* auf die Spur gekommen. Auch wird ihm bewusst, dass das Festnetztelefon in seinem Hotelzimmer benutzt werden könnte, um ihn abzuhören. Das neutrale Hotel, das sich als anonyme Kulisse und Schutzort anzubieten schien, hat sich in eine Paranoiamaschine verwandelt.

Unfrohe Verwandte: Krankenhäuser, Gefängnisse

Ihrem Wesen nach sind Hotels, Gefängnisse und Hospitäler Durchgangsstätten. Auch in Krankenhäusern und Strafanstalten geht es um Unterbringung auf Zeit, in Zimmern oder Zellen, deren Mittelpunkt das Bett ist. Ähnlich artverwandt sind Asyle. Die Analogie zum Hotel ist ungemütlich, und natürlich liegen die Unterschiede auf der Hand. Verkörpert das Hotel die Freiheit des Unterwegsseins, schrecken Krankenhäuser und Gefängnisse als Stätten des Zwangs und des Leidens.

Sie sind abgegrenzt, unterliegen hierarchischen Ordnungsstrukturen und beherbergen eine Anzahl unterschiedlicher Bewohner, die der Zufall an diesem Ort zusammengeführt hat. Hier wie dort fällt man aus der Zeit, aus dem Alltag, um sich einer Wirklichkeit mit anderen Regeln und Unvorhersehbarkeiten anzupassen oder zu widersetzen.

Ähnlichkeiten der Architektur werden von der Kunst, der Literatur und vom Film seit jeher ausgekostet, oft mit Schauereffekt, was die Hotels betrifft. Da ist das Nebeneinander von privaten und öffentlichen Räumen. Die beängstigend langen Korridore. Die Türen, von denen Uneingeweihte selten wissen, wer sich dahinter verbirgt. Und die Zahlen an den Türen, die Anonymität versprechen.

Die Zellen-Nummern berühmter Gefangener sind ebenso überliefert wie die von Hotelzimmern, die mit historischen Ereignissen verbunden sind. Zimmer 306 in einem Motel in Memphis war der letzte Raum, den Martin Luther King bewohnte, bis er davor erschossen wurde. In Zelle 5 verbrachte Nelson Mandela Jahre auf Robben Island, mit der Häftlingsnummer 466/64. Oscar Wilde saß in Zelle C.3.3 im Zuchthaus von Reading. Als er starb, bewohnte er das Zimmer 16 eines Pariser Hotels.

Überhaupt: Oscar Wilde, der alles kannte, die Luxusherbergen und das Elend der Einzelhaft in klaustrophobischer Enge. In seinen Erfolgsjahren als Dandy der Londoner High Society lebte er wochenlang mit und ohne seinen Geliebten Lord Alfred »Bosie« Douglas im Überfluss des Londoner *Savoy*. Aus dem Hotel schrieb er 1893 an den »Dearest of All Boys«, beklagte sich über die Szenen, die Bosie ihm machte, und schloss: »Why are you not here, my dear, my wonderful boy? I fear I must leave; no money, no credit, and a heart of lead.«

In dem spektakulären Prozess, an dessen Ende Wilde 1895 wegen Unzucht zu zwei Jahren Zwangsarbeit und Zuchthaus verurteilt wurde, fand der Brief aus dem *Savoy* traurige Erwähnung. Wilde sollte ihn vorlesen – und lehnte ab. Doch am Old Bailey war auf Diskretion nicht zu zählen. Angestellte des *Savoy* machten vor Gericht Aussagen zu allem, was sie nur konnten, auch zum Zustand der Bettlaken in seiner Suite.

Nach dem Prozess saß der irische Dichter im Zimmer 118 des *Cadogan Hotel* in Chelsea, unweit des Hauses, in dem er einmal gelebt hatte, trank sich halb bewusstlos und erwartete seine Festnahme – John Betjeman verfasste darüber ein beklemmendes Gedicht, »The Arrest of Oscar Wilde at the Cadogan Hotel«. Heute ist der Raum die fürstliche Royal Suite, die größte des Hauses. Im Zuchthaus von Reading wurde Wilde zur Zahl und zum Buchstaben. So schrieb er es selbst. Nach seiner Entlassung setzte er sein Leben in verschiedenen Absteigen fort, in denen seine Nemesis Bosie immer wieder Gastauftritte hatte.

Wildes letzte Station war das ärmliche Pariser *Hôtel d'Alsace* an der Rue des Beaux-Arts im Viertel Saint-Germain-des-Prés, dessen Betreiber ein großes Herz besaß und dem Mittellosen hohe Schulden stundete. Trotzdem verabscheute der Dichter die letzten vier Wände, die er betrachten musste. »Diese Tapete ist mein Tod. Einer von uns muss gehen.« Am 30. November 1900 ging Oscar Wilde.

Unterdessen hat auch das *Hôtel d'Alsace* eine luxuriöse Renaissance erlebt und schmückt sich mit seinem Namen. Das dem dort Verstorbenen zugeschriebene Zimmer – das es in Wirklichkeit nicht mehr gibt – wurde zur Pilgerstätte für Fans, die es sich leisten können. Der Schauspieler und Schriftsteller Rupert Everett, der einen melancholischen Film über Wilde gedreht hatte, beschrieb Wilde als einen »der letzten großen Vagabunden des 19. Jahrhunderts«, nachdem er für die »London Times« eine Nacht auf seinen Spuren im *Cadogan* verbrachte.

Letzter Seufzer: Dauergäste und ewige Wiederkehrer

Was sind das eigentlich für Menschen, die jahrelang im Hotel wohnen und den Zustand des ewigen Gastes dem des Bewohners mit fester Adresse vorziehen? Coco Chanel zum Beispiel lebte von 1937 bis zu ihrem Tod im Alter von 87 Jahren im Pariser *Ritz*. Mehr als drei Jahrzehnte im Luxushotel: Darüber wurde viel geschrieben, damit wurde viel Geld verdient und Reklame gemacht, zu Cocos Lebzeiten und auch danach noch. Ihr Nachfolger Karl Lagerfeld inszenierte später Modeschauen im *Ritz* für die Marke, die immer noch den Namen ihrer Urheberin trug. Die legendäre Unterkunft war praktisch, denn sie liegt ganz in der Nähe von Chanels Firmensitz in der Rue Cambon. Der autoritären, disziplinierten Mademoiselle, die vor allem in ihrem Beruf zu Hause war, mochte ein Leben im Gästehaus gerade recht erschienen sein: Sich entspannt in bequeme Privatheit und Häuslichkeit zurücksinken zu lassen, war etwas für die Ferien – dafür gab es eine Villa, die ihr allein gehörte.

Vielleicht liebte sie das halböffentliche Leben in einer Suite auf der dritten Etage des Prachthotels an der Place Vendôme aber auch, weil sie ihre Jugend in einem von Nonnen geführten Waisenhaus und einem Pensionat verbracht hatte, auch dort allein unter vielen Menschen. Im *Ritz* hatte sie Gesellschaft, aber zu ihren eigenen Bedingungen. Mit dem Beginn ihres Hoteldaseins markierte Chanel auch den Anfang ihres Aufstiegs. Auf einmal war die Selfmadefrau aus ärmsten Verhältnissen in der Lage, es aller Welt zu zeigen, und alle Welt kannte die Adresse. Und außerdem: Der transitorische Wohnort markierte immer noch ein Anderssein, ein wenngleich luxuriös ausgestattetes Gefühl, nicht dazuzugehören – etwas, das mehr oder weniger auf alle Langzeitbewohner von Hotels zutreffen mag.

Nach der umfassenden Renovierung des Pariser *Ritz* 2012–16 wurde die nach ihr benannte Suite – es ist nicht jene, die Chanel wirklich bewohnte – vom dritten auf den zweiten Stock verlegt. Die kleineren Suiten 304 und 305, in denen sie »unter dem

Dach« tatsächlich gelebt hatte, waren viel bescheidener als die Coco-Chanel-Suite, die heute für 18.000 Euro pro Nacht angeboten wird. In ihrer eigentlichen Wohnung über dem Atelier in der Rue Cambon übernachtete sie übrigens nie: Dort gab es kein Schlafzimmer. Das Hotel aber nannte sie »ma maison« (»mein Zuhause«). Dort lebte Chanel bis zu ihrem Tod am 10. Januar 1971. »So stirbt man also«, waren ihre angeblich letzten Worte, nüchtern wie immer.

Im Dezember 2012 zog eine andere eiserne Lady ins Londoner *Ritz*. Margaret Thatcher hatte nach einem Schlaganfall eine Suite im Luxushotel dem Krankenhaus vorgezogen. Dem Tod im *Ritz* zu begegnen, war vielleicht nicht leichter als anderswo, aber stilvoller. Am 8. April 2013 schloss die »Eiserne Lady« ihre Augen für immer. Ihr letzter Satz ist nicht überliefert.

Im ständigen Exil: Dichter, die dablieben

Ernest Hemingway stellte sich sogar den Himmel wie das Leben im *Ritz* vor. Natürlich, es musste das *Ritz* sein und nicht etwa irgendein kleines Hotel oder eine Pension »mit ihren mumifizierten alten Herren und Damen und hässlichen Möbeln«, vor denen es Hemingways Landsmann Thomas Wolfe so graute. Schriftsteller gehören zu den berühmtesten Dauergästen im Hotel.

Manchmal führten die Neugier auf das Leben der anderen Gäste, der Traum von diskreter Mobilität oder die Angst vor Einsamkeit und Entfremdung Menschen für lange Zeiträume ins Hotel. Doch haben die Aufenthalte von Dichtern im Hotel selten ein Happy End. Wenn sie zum Dauerzustand wurden, waren die Gründe kaum je heiterer Natur. Politischer Druck und Entwurzelung spielten eine Rolle, aber auch persönliche Befindlichkeiten: Die Vorbehalte gegen die Sesshaftigkeit mochten – wie bei Chanel – mit dem Gefühl der Unzugehörigkeit zu tun haben, mit der bewussten oder unbewussten Ablehnung bourgeoiser Lebensführung oder auch mit einem Gefühl der Rastlosigkeit. Atemlos zog F. Scott Fitzgerald mit seiner Frau Zelda in den zwanziger und dreißiger Jahren durch die Hotels von Amerika und Europa, sie verausgabten sich im Exzess, verschleuderten ihr Geld, ihr Talent und ihre Energie.

Tennessee Williams nahm um das Jahr 1968 Quartier im New Yorker *Elysee Hotel,* als ihm das Schreiben nach zwanzig Jahren großer Erfolge immer schwerer fiel. In seiner Sunset Suite hämmerte er Nacht für Nacht seine letzten Werke in die Schreibmaschine. Wenn Gäste sich über die Ruhestörung beschwerten, wurden sie in andere Zimmer verlegt. Fünfzehn Jahre konnte der Dichter so ungestört weiterarbeiten, nur gehemmt von den Auswirkungen seiner eigenen Alkohol- und Drogensucht. In seinen Memoiren sprach Williams zum ersten Mal detailliert über seine Homosexualität; über die schöpferische Seite seines Lebens aber schwieg er sich aus und erklärte, seine Kunst sei »privat«. 1983 wurde er tot in seiner Suite gefunden. Seinen Tod umgaben viele Gerüchte, die Umstände wurden nie ganz geklärt.

In Krisenzeiten werden Hotels oft zu Stationen des Exils, zu Häusern, in denen Trauer, Verlust und Verzweiflung wohnen. Klaus Mann, durch Hitlers Machtergreifung in die Emigration getrieben, verbrachte sein halbes Leben in Hotels, aber selten in guten: »Zwölfhundertstes Hotelzimmer – sei mir gegrüßt!« protokollierte er. »Sei mir gegrüßt, mit mäßig gutem Bett, Spiegelschrank, Kommode, wackeligem Schreibtisch; mit rosa Nachttischlampe, abgeschabtem Teppich, Wasserkaraffe, Briefpapier, Kofferständer. Sei gegrüßt, Heimat seit einer halben Stunde, Heimat für zwei, drei oder vierzehn Tage: Wirst du mir freundlich gesinnt sein? Werde ich bei dir ausruhen dürfen?« In einer kleinen Pension in Cannes nahm er sich, erschöpft von den politischen Ereignissen und dem eigenen ruhelosen Temperament, von Drogensucht, Einsamkeit und Müdigkeit, im Mai 1949 das Leben.

Heimatverlust und Entwurzelung prägten auch die Biographie des österreichischen Schriftstellers Joseph Roth: »Seit meinem achtzehnten Lebensjahr habe ich in keiner Privatwohnung gelebt, höchstens eine Woche als Gast bei Freunden. Alles, was ich besitze, sind drei Koffer«, sagte er, der 1924 im Nachkriegsroman »Hotel Savoy« den Untergang des gleichnamigen Gasthauses in Łódź schildert. Roth konnte man mit ebenso viel Recht als Heimatlosen wie als Weltbürger bezeichnen. Er lebte in Wien und Berlin und als Exilant in Paris. Der selbstbekennende Hotelbürger und Hotelpatriot liebte das Unpersönliche der gemieteten Unterkünfte, »wie ein Mönch seine Zelle lieben mag«. Das Wesen des Hotelzimmers ließ er erzieherisch auf sich wirken. Es erinnerte ihn an die eigene Endlichkeit und gab keinem Gedanken an seine Besonderheit Raum, so wenigstens nahm er es wahr: »Wenn meine Koffer weg sind, werden andere hier stehen. Wenn ich nicht mehr an diesem Fenster stehen werde, wird ein anderer hier stehen. Dieses Zimmer macht sich und dir und mir und keinem Menschen Illusionen.«

In Paris diente ihm mit Unterbrechungen das *Hôtel Foyot* 16 Jahre als Unterkunft. Am Ende wurde es abgerissen, in der Ruine waren Reste seines einstigen Zimmers zu sehen. Er beobachtete es vom gegenüberliegenden Bistro aus, über dem er ein Zimmer genommen hatte. Damals trank er fast nur noch: »Das Elend hockt sich neben mich, wird immer sanfter und größer, der Schmerz bleibt stehen.« Mit 45 Jahren starb Joseph Roth im Mai 1939 an einem anderen anonymen Durchgangsort, in einem Pariser Armenspital.

Nachdem Vladimir Nabokov Russland 1919 verlassen hatte, verzichtete er zeitlebens auf ein eigenes Heim und wohnte fortan mit seiner Familie in möblierten Zimmern, Häusern und Wohnungen. »Laut Nabokov lebten alle Künstler in einer Art ständigem Exil, heimlich oder bekennend, doch in seinem Fall klingen diese Worte ironisch. Vom Verlust des Vaterlandes und der Schauplätze seiner Kindheit hat er sich, um es einmal so zu sagen, nie erholt«, kommentierte sein Kollege Javier Marias viele Jahre später. Nachdem der Erfolg seines Romans *Lolita* Nabokov finanziell unabhängig gemacht hatte, zog er ins Hotel. Von 1961 an bis zu seinem Tod 16 Jahre später bewohnte er eine Suite aus sechs miteinander verbundenen Räumen im *Montreux Palace* am Genfer See. Zwar bot sie vom Schachspiel bis zum Gästezimmer für den Sohn alles, was er brauchte, doch fanden, wie Javier Marias berichtet, mehrere Besucher die Zimmerflucht so provisorisch eingerichtet, als wäre der Schriftsteller eben erst eingezogen.

»Hotelzimmer«, behauptete der Noir-Thriller-Autor Cornell Woolrich 1958 in seiner Geschichtensammlung »Hotel Room«, »sind wie Menschen.« Damit meinte der Mann, der fast sein gesamtes, von Depressionen gezeichnetes Erwachsenenleben in solchen Räumen zubrachte, dass sie altern: Ihr Glanz habe die Tendenz, mit zunehmendem Alter zu verblassen. Und schließlich würden sie abgerissen. Woolrich, der in »Hotel Room« das Kommen und Gehen der Menschen in Zimmer 923 des fiktionalen *Hotel St. Anselm* in New York beschrieb, widmete das Buch seiner Mutter, mit der er sein Leben als Dauergast im Hotel teilte: »This Book. Our Book.«

Das Thema der Vergänglichkeit durchzieht wie eine durchgehende Unterströmung alle Hotelgeschichten der Literatur. Die Begrenztheit eines Aufenthalts umgibt noch die banalste Erinnerung – oder Erfindung – mit einem eleganten Rahmen, der besagt: Es war einmal. Oder: Ende in Sicht. Denn irgendwann checkt auch der ausdauerndste Gast aus.

IV. Bühne für Literatur und Film

»You expected a witch to open the door to you or a manic butler, with a bat dangling from the chandelier behind him.«

Grahame Greene

Nörgelnde Schriftsteller

»Da saßen sie und saßen – die eingefleischten Hotelhallenhocker, wie überall vorgerückten Alters, wie überall reich, und wie überall taten sie nichts anderes als dasitzen und mit hungrigen Augen beobachten«, schrieb Raymond Chandler 1958 in seinem letzten Roman »Playback« und richtete seinen Blick auf ein paar Gäste, die ihm gar nicht gefielen: »Die eine Frau hatte so viel glitzerndes Eis an sich hängen, dass es die Mojavewüste hätte kühlen können, und so viel Farbe aufgetragen, dass es gereicht hätte, einen Dampfer zu streichen. Beide Frauen rauchten ihre Zigaretten aus langen Spitzen. Die Männer bei ihnen sahen grau aus und müde, wahrscheinlich vom Unterschreiben der Schecks.«

Im literarischen Abbild realer Hotels stimmt meistens alles, bis auf den Namen. In Chandlers »Playback« taucht die kalifornische Küstenstadt La Jolla als Esmeralda auf, und das *La Valencia Hotel* heißt im Roman *Casa del Poniente.* La Jolla war Chandlers Wohnort und die Bar des Hotels empfing ihn gegen Ende seines Lebens als Dauergast. Das *La Valencia* sieht heute immer noch genau so aus, wie er es damals geschildert hatte. Ein Hotelhallenhocker war Chandler wohl nicht gerade. Aber auch er beobachtete die Menschen dort – hungrige Augen hin oder her – und verwandelte sie in Literatur.

Hotels wollen bewohnt, aber auch gelesen und gesehen werden. Gierig machten Literatur – und Film – von ihren Möglichkeiten Gebrauch. Hotels werden nicht nur als Arbeitsstätten, sondern auch als Beobachtungsposten der Extraklasse von Schriftstellern geliebt. Agatha Christie (»Evil Under the Sun«, 1941) Arthur Hailey (»Hotel«, 1965), John Irving (»The Hotel in New Hampshire«, 1981) und Stephen King (»Shining«, 1977) und andere verfassten Bestseller über das Kommen und Gehen, Leben und Sterben im Hotel. Viele Bücher, in denen Figuren durch Foyers wandern, wie auch jene, die kritisch über das Phänomen Hotel nachdenken, durchweht eine seltsame Mischung aus Ungehaltenheit und Faszination gegenüber dieser Existenzform. Chandlers abfällige Bemerkungen sind nur ein Beispiel unter vielen. Schriftsteller haben oft etwas an öffentlichen Unterkünften auszusetzen, und viele von ihnen fassten ihre Hassliebe in Worte.

So etwa der Philosoph Peter Sloterdijk, der sich über die Anwesenheit von Fußballern im Hotel *Waldhaus* in Sils beschwerte und dies auch gleich in sein Tagebuch »Zeilen und Tage. Notizen 2008–201« einfließen ließ. Sibylle Lewitscharoff, Friedrich Dürrenmatt, Daniel Kehlmann und Thomas Mann waren gern an diesem Ort abgestiegen, nicht jedoch Thomas Bernhard, der zwar oft dort logierte, aber notierte: »Wir hatten kein Wetterglück und in jeder Beziehung auch widerwärtige Gäste am Tisch gehabt. Selbst Nietzsche haben sie uns verleidet. Auch als sie mit ihrem Auto tödlich verunglückt und schon in der Kirche von Sils Maria aufgebahrt waren, haben wir sie immer noch gehasst.«

Der Schriftsteller David Wagner hingegen ärgerte sich – ungleich harmloser – über die »Zierkissenpest« auf den Betten und die Einförmigkeit der mehr als hundert verschiedenen Hotelzimmer, in denen er für sein Buch »Ein Zimmer im Hotel« (2016) übernachtet hatte. Die geschmähten Zierkissen räumte er vernünftigerweise immer gleich ab, denn »sie haben ja keine Wechselbezüge, wer weiß, wer auf ihnen schon gelegen und was mit ihnen angestellt hat«.

Autoren kamen auch dann noch in ihren Werken auf die Hotels zurück, als diese längst als Modethema ausgedient hatten, das sie vom ausgehenden 19. Jahrhundert an bis etwa zum Ende des Zweiten Weltkriegs gewesen waren. Der Amerikaner Sam Shepard nennt eine Notizensammlung vom Unterwegssein in den frühen achtziger Jahren »Motel Chronicles« (1982) und begreift die anonyme Schlichtheit seiner Absteigen als Freiheitsversprechen: »I took a cool shower at the Best Western Motel in Arcadia, right across the race track. I walked naked around the room, dripping on the orange carpet, wondering whether or not to turn the T. V. on, peering through the curtains at the cars parked in front of each room, each one parked in a numbered space corresponding a room.« Noch ein Blick auf die Landkarte, noch eine Nacht im billigen Zimmer und – »The next morning I was gone.«

Die Literatur inspiziert gern die schäbigen Winkel, die tristen Aspekte und die abgründigen Möglichkeiten der Unterkünfte auf Reisen. »Walking in the night. Back to the hotel. Always the same hotel. You press the button«, schreibt Jean Rhys 1939 in *Good Morning, Midnight*. »The door opens. You go up the stairs. Always the same stairs, always the same room ....« Auch bei Rhys herrschen Anonymität und Gleichförmigkeit, doch von der von Shepard so lässig genossenen Schäbigkeit fehlt jede Spur. Statt dessen ist von einem verhassten Zimmer in einem kakerlakenbefallenen Pariser Hotel die Rede. Es ist der richtige – oder schlimmstmögliche – Ort für die desolate Stimmung der Ich-Erzählerin, die ihr Kind und ihre Liebe verloren hat, in jedem Café in Tränen ausbricht und von sich sagt: »I don't belong anywhere«.

Das Leben im Hotel also als Inbegriff des Unterwegsseins, zur Station der Vagabondage zwischen Freiheit und Einsamkeit, bei Rhys, Shepard und anderen: eine Grauzone an der Grenze zum Fantastischen, ein Niemandsland der Unzugehörigkeit; ein Gegenentwurf zur Ortsgebundenheit, zur Verbindlichkeit, zur bürgerlichen Häuslichkeit.

Schauplatz der Zeit

Nachdem Vicky Baum 1929 ihren kolportagehaften Roman »Menschen im Hotel« veröffentlicht hatte, erlebte das Genre einen robusten, langanhaltenden Aufschwung. Hier konnten sich die ganze Welt oder bestimmte Gesellschaftszweige exemplarisch im Kleinen zeigen, wie Joan Didion in ihrem Essay »In the Islands« (1969–1977) in der Sammlung »The White Album« notierte: »Of course great hotels have always been social ideas, flawless mirrors to the particular societies they service.« Ohne das Empire, schrieb sie, hätte es kein *Raffles* – den majestätischen Bau in Singapur – gegeben. Zum *Royal Hawaiian* in Honolulu merkte sie an, das Hotel reflektiere seit seinem Beginn in den dreißiger Jahren und bis in die Sechziger einen Lebensstil, wie er immer in jenen Straßen gepflegt wurde, in denen die ältesten Bäume wuchsen.

Die deutschsprachige Literatur griff in der Zwischenkriegszeit das Thema Hotel besonders begierig auf. Thomas Mann, im wirklichen Leben ein schwieriger Gast, galt als Spezialist dafür. In seiner 1911 entstandenen Novelle »Tod in Venedig« tritt der einsamstumme Gustav von Aschenbach seinen Weg in den Untergang inmitten eines vornehmen, dekadenten Hotelpublikums an. Da wird der Aufenthaltsort noch diskret in den Hintergrund gerückt, anders als im Roman »Die Bekenntnisse des Hochstaplers Felix Krull«, den Mann 1910 begann und 1954 vollendete. Für Krull wird das Hotel zur Bühne, die er gerissen bespielt. Thomas Mann selbst macht es zum Schauplatz einer Zeit des Niedergangs und nutzt es zur Dekonstruktion des gesellschaftlichen Ortes. In »Der Zauberberg« (1924) plaziert er seine Figuren zwar in einem Sanatorium, das aber durchaus einem Hotel vergleichbar ist – und dessen Gäste so krank sind wie die Zeit, in der sie leben.

Marcel Proust verarbeitete seine Aufenthalte in einem Grand Hotel in der Normandie im zweiten Teil seines Monumentalromans »Auf der Suche nach der verlorenen Zeit« (erschienen zwischen 1913 und 1927): Er beobachtete die Gäste und das Personal und lotete seine eigenen, zunächst zwiespältigen Reaktionen auf den Ortswechsel aus. Den Hoteldirektor, »der immer Wörter verwendet, die er für vornehm hielt, ohne zu bemerken, dass er es in fehlerhafter Weise tat«, hat er dabei ebenso im Blick wie die Dünkelhaftigkeit der Klientel und die besonderen Sitten, die »die internationale Kulturpflanze des Palasthotelstils« hervorgebracht hat.

Beim ersten Betreten seines Zimmers spürt der Erzähler dem Fremdheitsgefühl nach, das er dort empfindet, denn »es war voll von Dingen, die mich noch nicht kannten«. Erst Gewohnheit lasse Gegenstände in einem Zimmer verschwinden und schaffe darin für einen selber Platz. Aber das Unbehagen reicht noch tiefer. Er assoziiert das »Grauen«, das er beim Schlafen in einem fremden Zimmer empfindet, mit der Angst vor der Vergänglichkeit. Doch mit einsetzender Gewöhnung schließt er Frieden mit dem Leben im Grand Hotel am Strand, begeistert sich für den Meerblick aus dem Fenster und beschreibt den »vom grünen Sonnenlicht durchfluteten Speisesaal« in einem seiner Sätze, die so unüberschaubar sind wie das Meer selbst. Noch etwas später findet er, dass die »bei der Ankunft so feindselig strahlenden Lichter« des Hotels »nun etwas Schützendes, Sanftes, Heimkehrkündendes hatten«. Endlich fühlt sich der Erzähler zu Hause im Grand Hotel von Balbec.

Es ist einem Grand Hotel in Cabourg nachempfunden, das sich heute mit der Erinnerung an seinen berühmten Gast schmückt. Wie übrigens auch das Pariser *Ritz,* in dem Proust gern Hof hielt und bei Einladungen seine Gäste mit Veuve Cliquot bewirtete. Der Maître d'hôtel, Olivier Dabescat, versorgte den Schriftsteller mit Einblicken in das Leben seiner Gäste, die dieser wiederum in seinem Roman verwertete. Manchmal ließ Marcel Proust sich nachts ein kaltes Bier aus dem *Ritz* in seine Wohnung bringen, angeblich sogar noch, als er auf dem Sterbebett lag. Das Hotel widmete ihm im Gegenzug einen eleganten Salon für den Nachmittagstee und eine Suite, die seinen Namen trägt.

In der neueren deutschen Literatur nimmt Benjamin von Stuckrad-Barre das Hotel-Thema in seinem autobiographischen Roman »Panikherz« noch einmal mit wahrer Begeisterung auf. Nach einer langen Zeit der Selbstzerstörung wird das Hotel für ihn ein Ort der Selbstheilung. Anders als seine fast zwanghaft nörgelnden Kollegen schwärmt er von Häusern, deren »Luxusinsignien« ihm gute Laune machen. Ganz besonders liebt Stuckrad-Barre das *Chateau Marmont* in Hollywood, das sich so gut an seine berühmten Toten erinnere. Wobei er zugleich »den täglichen Resetschalter« des Lebens im Hotel schätzt, der jeden Morgen die Unordnung der Nacht beseitigt und alles wieder auf null stellt. »Neuer Tag, neues Glück« – sogar das Schreiben läuft hier gut.

Krachende Parkettböden

Ganz anders als dem Autor aus Deutschland ging es Jack Nicholson in Stanley Kubricks Film »Shining« (1980): Der von Nicholson gespielte Schriftsteller Jack Torrance schreibt im *Overlook Hotel* manisch ganze Blätterstapel voll – doch immer mit demselben Satz: »all work and no play makes Jack a dull boy«.

»Shining« ist der ultimative Anti-Hotelfilm – und Jacks Tun der Alptraum eines jeden Schriftstellers.

Ein Alptraum ist auch das *Overlook* selbst, das ahnen wir gleich, obwohl Jack Torrance am Anfang des Films noch sagt: »Ich wünschte, ich könnte hier bleiben – für immer … und immer … und immer.« Der Wunsch wird ihm erfüllt. Er endet als vereiste Leiche im verschneiten Garten des Hotels.

Bei Kubrick dienen die Innenräume nicht nur der speziellen Ästhetik des jeweiligen Films. Sie werden zu intellektuellen Laboratorien und in sich geschlossenen Systemen. In diesem Fall ist es das Hotel selbst, das Jack den Verstand verlieren lässt, das ihn zum Killer macht und schließlich tötet. Kubrick spitzt das Thema Hotelatmosphäre auf aberwitzige Weise zu.

Eine der berühmtesten Szenen des Films führt durch endlose Hotelflure. In schneller Fahrt folgt die Kamera einem Kind auf einem Dreirad, nur ein paar Zentimeter über dem Boden. Das ist so hypnotisch wie die pausenlose Wiederholung der vorbeirasenden Muster des Teppichbodens. Sie geben der Sequenz eine abstrakte, fast psychedelische Qualität – zusammen mit einem nervtötenden Soundtrack, der sich immer dann ins Ohrenbetäubende steigert, wenn die Räder von den schallschluckenden Teppichen auf Parkettböden krachen. So intensiv wie Kubrick hat niemand sonst das Gefühl umgesetzt, allein in langen Hotelkorridoren unterwegs zu sein.

Das Innere des *Overlook* während der Saisonpause ohne Gäste ist klaustrophobisch. Genauso bedrohlich wirkt die eisig verschneite Außenwelt. Zwischen der Häuslichkeit des Familienlebens in den Zimmern und den weitläufigen Hallen entsteht eine beunruhigende Dynamik, ebenso wie zwischen dem Übernatürlichen und dem Alltäglichen.

Die Architektur der Hotelkulisse in »Shining« sei in sich nicht schlüssig, wurde oft bemerkt. »Nichts passt«, erklärte mir Kubricks Schwager und Produzent Jan Harlan einmal. »Aber genau das reizte Stanley.« Schließlich handle es sich um einen Film über Geister. Die beim Zuschauen entstehende Verunsicherung ist kunstvoll inszeniert.

Das Hotel als Unterkunft des Bösen und des Irrsinns – der Film kann gar nicht genug von dieser Idee bekommen, das zeigte vor »Shining« schon Alfred Hitchcocks »Psycho« (1960), dessen *Bates Motel* zum klassischen Schreckensort des Hollywoodfilms wurde. Noch das heutige Popcorn-Kino feiert den Gedanken. In der phantastischen Welt der Action-Filmreihe »John Wick« (ab 2014) ist das *Hotel Continental* mit Niederlassungen auf mehreren Kontinenten nur Auftragskillern und Kriminellen vorbehalten. Es erscheint wie die Essenz aller Gangster-Hotels, ein exklusiver Treffpunkt der Unterwelt.

Zwar laden nur wenige Filme Hotels derart mit Eigenleben auf wie »Shining«. Aber es gibt mehr als hundert, die ohne diesen mythischen, in alle Richtungen deutbaren Schauplatz nicht denkbar wären (von Fernsehserien wie »White Lotus« oder »Sturm der Liebe« ganz zu schweigen). Sein hohes dramatisches, visuelles und symbolisches Potential macht den Ort zum idealen Erzählraum, der zu den ältesten Motiven der Filmgeschichte gehört. Die Kamera ist besessen von weitläufigen Foyers, angsteinflößenden Fluren, eleganten oder beengten Zimmern, Nahaufnahmen von Zimmernummern, verschlossenen Türen, Spiegeln und Treppenaufgängen.

»Ich habe auf Treppen gelebt«, sagte Bette Davis einmal. »Treppen sind sehr dramatisch. Ich habe Männer auf Treppen getötet, fiel Treppen herunter. Es ist seltsam.« Seltsam ist daran eigentlich gar nichts: Treppenaufgänge und andere architektonische Details, die der Übertreibungsästhetik der Hotels folgen, drängen sich dem Kameraauge auf. Sogar die Kinosäle selbst schienen sich zu

Beginn des 20. Jahrhunderts der grandiosen Ästhetik der Pracht-Hotels anzunähern, die in denselben Jahren eine Blütezeit erlebten und wiederum in den Filmen jener Zeit auftauchten.

Tatsächlich sind es oft die pompösen Hotels, die das Kino besonders liebt. Alain Resnais' »L'Année dernière à Marienbad« (1960/1) wurde in drei bayerischen Schlössern (Nymphenburg, Schleißheim und Amalienburg) gedreht, um die Flure, Fluchten und Treppen noch grandioser wirken zu lassen als in einem echten oder im Studio nachgebauten Grand Hotel. Und wirklich steht die Herberge in diesem erlesen inszenierten Film für nichts weniger als die menschliche Existenz. Es ist ein Übergangsort von Erinnerung und Traum. »Birgt dieses Hotel viele Rätsel?« heißt es an einer Stelle, und die Antwort lautet: »Unendlich viele.« Die erzählerische Realität bleibt – wie im Prinzip auch in »Shining« – in der Schwebe.

Schon in der Frühzeit des Films begriff man, wie umstandslos sich das Hotel als Metapher einsetzen lässt. Die Leinwandwerke der zwanziger und dreißiger Jahre zeigten Gästehäuser – je größer, desto besser – gern als Gesellschaft im Kleinen. In Friedrich Murnaus »Der letzte Mann« (1924) und in »Grand Hotel« (1932), der Verfilmung von Vicky Baums Bestseller, treffen sie alle aufeinander, die Armen, die Reichen, die Aufsteiger und die Aussteiger aus dem sozialen Gefüge. Was diese Hotelfilme – zwei der bekanntesten und einflussreichsten jener Zeit – inszenierten, nimmt Wes Anderson in »Grand Budapest Hotel« (2014) ironisch noch einmal auf: die Idee vom Hotel als Spiegel der Gesellschaft. Da sind sie wieder, die Etagen als räumliche Entsprechung der gesellschaftlichen Hierarchie und die wiederkehrenden Aufsichten auf die Lobby als Transitraum.

Vor allem ab Mitte des 20. Jahrhunderts erkundete der Film die

Möglichkeiten dieses räumlich verdichteten Schauplatzes dann als Sinnbild von Seelenlandschaften. Es gab einsame Hotels und Einsamkeit in Hotels, manchmal auch beides zusammen, wie in Ingmar Bergmans Film »Das Schweigen« (1963). Auch hier ist, wie in »Shining«, ein kleiner Junge allein in unheimlich wirkenden Hotelhallen unterwegs und blickt in Zimmer, die er nicht betreten soll – bei Kubrik war es der berühmte Room 237, der tabu war. Im düsteren Hotel lässt Bergman ein »Inferno der Angst, Verwirrung und Hilflosigkeit« entstehen, wie das Lexikon des Internationalen Films notierte, »wobei gerade das Fehlen lautstarker Katastrophen dem Film eine Aura eisiger Kälte und suggestiver Bedrohung verleiht«.

Ungleich harmloser wirkt das gute, aber nicht grandiose Schweizer Hotel, in Paolo Sorrentinos »Le conseguenze dell'amore« (2004). Dort lebt ein schweigsamer Mann acht Jahre lang allein, ohne dass zunächst klar wird, was er tut. Er grüßt den Hotelmanager spielt gelegentlich Karten mit zwei anderen Gästen, aber spricht sonst kaum; mit der Zeit stellt sich heraus, dass er wöchentlich einen Koffer mit gewaschenem Mafia-Geld in eine Schweizer Bank einzahlt. Dass sich dabei trotz der Eintönigkeit eine Katastrophe anspinnt, ist in seinem erstarrten Leben, dem der Einsamkeitsort Hotel als perfekte Kulisse dient, fast nicht mehr von Belang.

Natürlich feiert das Kino auch das Gegenteil, das Gästehaus als Ort der erotischen Begegnung, und das besonders gern in romantischen Komödien – von »Ariane, Love in the Afternoon« (1957) mit Gary Cooper und Audrey Hepburn bis hin zu »Pretty Woman« (1990). Das von Hepburn gespielte brave Mädchen Ariane gibt im Hotel die Femme fatale; die von Julia Roberts dargestellte Prostituierte verwandelt sich im *Beverly Wilshire* in ein »ehrbares« Society Girl. Die Romantic Comedy liebt das Spiel mit Identitäten, zu dem das Hotel, der fremde, anonyme Ort per se, uns alle einlädt.

Überhaupt treibt der Film alle Eigenarten und Möglichkeiten des Hotels – von den Gästen im wirklichen Leben oft nur erahnt oder im Vorübergehen erspürt – auf die Spitze. Wie in der Literatur wird das Hotel auch im Kino zum Schutzort oder Gefängnis, zur Stätte von Liebe, Tod und Verlorenheit, von existentieller Verunsicherung und Ich-Verlust, Angst und Wahnsinn, Gut und Böse, Schrecken und Glückseligkeit. Doch im Film wird das Abbild dieser begrenzten Welt auf die begrenzte Fläche der Leinwand übertragen. Das schafft Ordnung, die selbst im *Overlook Hotel* beruhigt. Zugleich aber entsteht im Fokus der Kamera eine Vergrößerung, die verstört – »*forever … and ever … and ever*«.

V. Hoteltypen

»The great advantage of a hotel is that it is a refuge from home life.«
George Bernard Shaw

Das Businesshotel

Sie sind im Grunde überall gleich. Das ist ihre Besonderheit. Business- und Kettenhotels sind Herbergen für Geschäftsleute und Gäste, die es gern anonym haben. Für sie ist das Hotel kein Ereignis an sich. Sie halten es für zweitrangig, wie die Lobby aussieht oder ob die Bettwäsche eine Fadendichte von 1000 oder 400 aufweist.

Die Reisenden mit den Aktenkoffern und den Laptops wollen sich auf anderes konzentrieren. Sie haben Zahlen und Daten, Pläne und Termine im Kopf. Die Menschen, die sie treffen wollen, sind Geschäftspartner; die Menschen, mit denen sie unterwegs sind, wenn sie nicht allein reisen, erweisen sich in der Regel als Kollegen. So zweckdienlich wie die Begegnungen soll auch das Hotel sein. Nichts darf vom Ziel, der Arbeit, ablenken und nichts vom Erscheinungsbild, das man sich mühsam erarbeitet hat. Man hat sich ganz dem wichtigen Anlass, der Sache verschrieben. Man ist nicht zum Spaß hier.

Die dekorative Ausstattung des Hauses dokumentiert die ernsthafte Absicht seiner Gäste, sich selbst und anderen gegenüber. Eine Unterkunft mit Verspieltem, allzu Luxuriösem oder Apartem ist dem oder der Geschäftsreisenden in der Regel ein Graus. Man will nichts von sich preisgeben, keine Geschmacksvorlieben verraten und nicht in den Verdacht des Spesenrittertums geraten, das heute aus der Mode gekommen ist. Nüchternheit ist das Gebot des Geschäftshotels.

Daher ist seine Lieblingsfarbe Beige. Es ist eine Farbe, die eigentlich gar nicht da sein will. Die so diskret ist, dass man sie als elegant bezeichnen kann, die aber auch in graumäusiger und schäbiger Ausprägung auftritt. Verblichene Spuren lebensbejahenderer Töne lassen sich höchstens als Überbleibsel aus farbenfroheren Jahrzehnten lokalisieren. Strahlendes Weiß ist zu eindeutig, zu mutig und lässt Ermüdungsspuren allzu schnell und offenkundig hervortreten. Weiß ist zuviel. Beige dagegen verspricht Kompromissbereitschaft und Mäßigung. Es verträgt sich harmonisch mit einem Geschäftsabschluss, der für beide Seiten eine Win-win-Situation bedeutet.

Die Business-Unterkunft wird tagsüber mehr genutzt als andere Hoteltypen. Man checkt ein, schreibt und plant im Schlafzimmer, trifft sich im Konferenzsaal oder in der Lobby, und abends geht es ins Restaurant, dessen kulinarische Vitalität der Energie seiner Wandfarbe verwandt ist. Nur an der Bar wird alles anders. Dort verkehrt sich die Nüchternheit des Tages, die kein Mensch auf Dauer aushält, in ihr Gegenteil.

Zur neutralen Wüste der Zimmer gehören die Folterinstrumente des Geschäftsreisenden: Internetanschluss, Telefon, Schreibtisch, Fernseher. Immer liegt ein Schreibblock neben dem Telefon mit den tausend Tasten, die keiner je drückt. Eine Wasserflasche steht bereit, wenn es sich um ein ehrgeizigeres Etablissement handelt. Die Bilder an den Wänden von Businesshotels sind idealerweise so blass wie die Wandfarbe. Schlimmstenfalls betäuben sie das Auge auf andere, aufdringlichere Weise. Wie die trostlose Bar lassen sie nur vage den Gedanken an ein besseres Leben irgendwo da draußen aufkommen.

Ein paar Einzelheiten allerdings unterlaufen den gewünschten Eindruck der Geschäftsherberge, die sich so redlich und solide gibt wie ihre Gäste. Diese Details werden erst sichtbar, wenn man in die Tiefen des Hotelzimmers eingetaucht ist – ins Bad. Und sie sind so verbreitet, dass sie in ihrer Schäbigkeit kaum noch auffallen: der an die Wand geschraubte Seifenspender und der fest installierte Fön. Damit bloß niemand auf die Idee kommt, etwas mitgehen zu lassen. Diese implizite Unterstellung ist merkwürdig an einem Ort, an dem jede Einzelheit auf Seriosität ausgerichtet ist und der den Eindruck gegenseitiger Vertrauenswürdigkeit anstrebt. Andererseits erinnert der Mangel an Vertrauen daran, dass nicht alle Geschäfte mit einem freundlichen Handschlag enden und dass auch im seriösen Ambiente gestohlen wird und dass das Leben nicht nur – oder eigentlich eher selten – Win-win-Situationen bereithält. Insofern liefern die diebstahlsicher angeschraubten Geräte einen weiteren Beweis dafür, dass das Businesshotel es ehrlich mit uns meint.

Das Erlebnishotel

In ganz anderem Licht zeigen sich die Urlaubshotels. Manche von ihnen ähneln Geschäftshotels, andere aber wollen mehr. Vor allem in jüngerer Zeit nimmt der Trend zu Sonderformen im Hotelwesen ausgeprägte Züge an.

Die Welt ist voll von spleenigen Hotel-Ideen, oft Erlebnis- oder Themenhotels genannt, aber manchmal reicht dieser Begriff nicht weit genug. Bestimmte Gästehäuser erinnern an die im angelsächsischen Raum beliebten »Theme Parties«, bei denen es sich um nichts anderes als um Kostümfeste mit festgelegtem Motto handelt. In diesem Fall sind es allerdings die Unterkünfte, die in erstaunlicher Aufmachung daherkommen. Es gibt Baumhaus-Hotels, Eishotels und Hotels in Wohnwagen, Hotels, die aus Strohballen gebaut sind, und Unterwasserhotels wie das winzige *Utter Inn* im Mälarsee in Schweden, in dem die Fische am Fenster vorbeiziehen und das nichts für Menschen mit Platzangst ist.

Es sind Häuser, in denen der Mensch sich einmal so richtig ausleben – oder in Paralleluniversen hineinträumen können soll. Das gilt sowohl für die Erbauer als auch für die Besitzer und Gäste, weniger fürs Personal.

Manche dieser großen und kleinen Traumpaläste sind etwas für Hobby-Nomaden, die sich das Herumvagabundieren nicht als Vollzeitleben vorstellen können, aber in den Ferien gern der Illusion von Freiheit ohne Sicherheitsnetz nachhängen. Safari-Lodges, die nachts von den Geräuschen der Savanne und den Schreien wilder Tiere umgeben sind, gehören zu den Klassikern des Genres. Im Luxus des *Orient-Express* lässt sich von Agatha Christie träumen, während die Außenwelt an den Fenstern vorbeirauscht.

Aber was zieht die Menschen ins *Hotel Malmaison* in Oxford, ein ehemaliges Gefängnis, das noch bis 1996 in Betrieb war und das die Sicherheitstüren und Gitter vor den Fenstern beibehalten hat? Vor den Lockdowns der Covid-Pandemie müssen es die gruselige Vorstellung vom Eingesperrtsein und der Gedanke an die kriminelle Vergangenheit des Hauses gewesen sein, die für Nervenkitzel sorgten. Die Freiheitsidee wird hier ad absurdum geführt, wenn auch nur spielerisch. Und damit rührt das Gästehaus an ein Tabu. Was es gleich doppelt reizvoll macht. Denn auch das gehört zum Wesen des Hotels: Es schreckt vor Anspielungen auf das Schockierende, Düstere – oft qua seiner Vergangenheit – nicht zurück.

Themen- und Erlebnis-Herbergen erlauben ein Eintauchen in andere Welten. Doch wirkliche Abenteuer sind an diesen Orten kaum je zu bestehen, denn alles ist ja genau geplant und eingehegt, Vorkehrungen für den sicheren Ausgang einer guten Nacht wurden getroffen. Das Abenteuerhotel kann für kurze Zeit zur temporären Entlassung aus den Zwängen des Alltags, zum Scheinersatz einer genormten und geregelten Existenz werden, die bei allen Annehmlichkeiten auch Zwängen unterliegt. Das Hotel bietet beides:

Komfort und die Ahnung eines anderen, riskanteren Lebens. In Wirklichkeit werden Hotelaufenthalte meist erst dann zu richtigen Abenteuern – also zu Unternehmungen mit unwägbarem Ende –, wenn etwas schiefgeht oder wenn die Gäste eigene abwegige Pläne verfolgen. Aber das ist eine andere Geschichte.

Eine bestimmte Sorte spezialisierter Hotels hat es weniger auf Fluchtinstinkt, Abenteuerlust oder regressive Tendenzen, also die inneren Bedürfnisse der Gäste, abgesehen, sondern auf ihren Leib, zumindest auf den ersten Blick. Wellness- und Bio-Hotels zum Beispiel (von Kur-Hotels einmal abgesehen) versprechen Stärkung durch entschleunigende und vor allem gesunde Ferienerlebnisse. Damit sind sie aber ebenso schnell auch beim Seelenleben ihrer Gäste angelangt wie das Gefängnishotel – nur mit anderen Vorzeichen. Genau genommen ist also auch das Wellnesshotel ein Erlebnishotel. Übernachten ist Nebensache.

Mit duftenden Zirbenholzmöbeln, Öko-Strom, zertifizierter Naturkosmetik und Achtsamkeitskursen kommt es einem gefühlten oder vom Zeitgeist angeregten Bedürfnis nach Einfachheit, Langsamkeit und Natürlichkeit nach, dem Versprechen eines »gereinigten«, geläuterten Lebensgefühls. Mit Ruhe allein ist es nicht mehr getan. Das Bio-, Wellness- und Abenteuerhotel antwortet auf den Wunsch nach einem anderen, gesünderen, besseren, reineren oder auch aufregenderen Dasein, auf die Sehnsucht nach Erlösung.

Das Casinohotel

Das Casinohotel hingegen meint es ernst mit dem Abenteuer. Dass es auch ein beliebtes Urlaubs- und Party-Ziel darstellt, gehört zu seinen unschuldigeren Eigenschaften. Für die Spieler aber ist es eine Zuflucht, die sich als Glücksfall oder Falle entpuppen kann. Gewinner und Verlierer lassen sich nicht immer voneinander unterscheiden, und was als befreiender Trip erträumt wurde, kann sich als Höllenfahrt erweisen. Hunter S. Thompson erzählt 1971 in seinem Roman »Fear and Loathing in Las Vegas« davon.

Das Casino in Monte-Carlo protzt im James-Bond-Glamour der alten Schule – zwei 007-Filme wurden dort gedreht –, doch es befindet sich *neben* und nicht *im* Hotel. Las Vegas dagegen verliert keine Zeit, die Hotels haben sich die Casinos gleich einverleibt. Da ist alles an einem Ort, der Schlafplatz in der Fremde und die Gelegenheit zum Glücksspiel.

Die Stadt im US-amerikanischen Staat Nevada ist eine Scheinwelt, die nichts anderes sein will als genau das – mit ihren musikbeschallten Gehwegen, mit dem ganzen Irrsinn eines ununterbrochenen Jahrmarkts und dem verrückten Größenwahn ihrer Bauten, die sämtlich an andere, berühmte Gebäude erinnern wollen.

Las Vegas ist eine Stadt, die niemals schweigt. »Las Vegas (Was?) Las Vegas (Versteh nichts! Zu laut) Las Vegas!!!« betitelte Tom Wolfe 1964 seine Reportage über das »Versailles von Amerika« (Tom Wolfe, »Das bonbonfarbene tangerinrot-gespritzte Stromlinienbaby«). Er nannte es die »Hyper-Version« seines Landes, in der er vor allem »alte Puppen« und »alte Knaben« sichtete: »Niemand in Las Vegas wird es zugeben – denn es entspricht nicht der modernen glanzvollen Vorstellung –, doch Las Vegas ist eine Zuflucht für die Alten.« Heute ist es ein Ziel für alle Altersklassen.

Die Hotels, von denen nur noch wenige in den elektrischen Pastellfarben leuchten wie zu Tom Wolfes Zeiten, beeindrucken durch schiere Größe und einen wilden Ritt durch die Architekturgeschichte. Ihr Anblick bestimmt die gesamte Stadt, die nicht nur eine Casino-, sondern eben auch eine Hotelstadt ist. Am »Strip«, der Hauptstraße, blinken sie nachts aufgereiht wie Lichter an einer Christbaumkette. Die kleinsten, schäbigsten Absteigen, in denen von Spielern zurückgelassene Hunde jämmerlich kläffen, aber auch die großen, teuren Paläste wie das *Bellagio,* die sich übergangslos wie aus dem Nichts in der Mojave-Wüste erheben, haben in ihrem Innern etwas Unheimliches. Im *MGM Grand* mit seinen mehr als 6 000 Zimmern kommt der Alptraum endloser, tageslichtloser, menschenleerer Korridore ganz zu sich selbst.

Die Massen sind da, wo gespielt wird. Im Casinohotel herrscht ewige Tagundnachtgleiche, und seine Besucher passen sich seinem Rhythmus an. Sie tragen Pappbecher mit ihren Münzen herum, sitzen zu jeder Uhrzeit an blinkenden Klimper-Automaten, an Blackjack- oder Roulette-Tischen. Wenn sie nicht zocken, feiern sie in irgendwelchen Bars oder gehen in den Wedding Chapels Blitzehen ein. Menschenmengen drängeln sich auch direkt hinter den Eingangstüren der Casinohotels mit ihren Foyers in den Ausmaßen von Abfertigungshallen mittelgroßer Flughäfen. Geduldig warten sie aufs Einchecken in das Innere der Wüstenstadt, die eine Nachbildung des Eiffelturms, einer Pyramide und eines Disney-Schlosses im architektonischen Repertoire hat.

Zur Geschichte der Casinohotels in der Stadt, die der Gangster Bugsy Siegel nach dem Zweiten Weltkrieg zu dem machte, was sie heute ist, gehört auch die Geschichte von Stephen Paddock, der am 25. September 2017 eine Suite im 32. Stock des Resort-Hotels *Mandalay Bay* mit seiner plastikhaft-trostlosen Vortäuschung von Luxus bezog. Der 65-Jährige ohne Vorstrafen bezeichnete sich selbst als »größten Videopoker-Spieler der Welt«, der »14 Stunden am Tag« spielte, 365 Tage im Jahr. Er pokere die ganze Nacht und schlafe tagsüber, behauptete er; gegen seine Angstzustände nahm er Valium. Am 1. Oktober erschoss er von seinem Hotelfenster aus 58 Menschen, die zu einem Popkonzert zusammengekommen waren. Die Gründe für den Massenmord blieben ungeklärt. 1964 hatte Tom Wolfe in seiner Las-Vegas-Reportage Gäste wie ihn beschrieben: »Das Problem sind nicht so sehr die Betrunkenen, Spitzbuben oder Rowdies, sondern die Pillenschlucker, die nie zu Bett gehen wollen und Halluzinationen haben und (…) Kasinos zerschmettern wollen.«

Aber die Sünden-Stadt hat auch ihre Lichtfiguren. Zu den Lieblingen von Las Vegas gehört Elvis Presley, der Elvis aus der Zeit der weißen Strass-Anzüge. Er belebte 1969 seine ins Stocken geratene Karriere mit Konzerten im *International Hotel* (dem heutigen *Westgate*) und definierte dabei die Standards für Auftrittsorte der Zukunft neu: Es war der Anfang der Rock-Arena, die sich neben kleinen, intimen Bühnen durchsetzen sollte – obwohl das Auditorium des *International* mit nur 2000 Sitzen nach heutigen Maßstäben überschaubar war. Elvis' Auftritte markierten zugleich die beginnende Ära der Star-Konzertserien in den Hotels von Las Vegas. Der King of Rock 'n' Roll gab in sieben Jahren zwei Shows pro Tag, an sieben Tagen in der Woche. Er stand 636 Mal in ununterbrochener Folge auf der Bühne, ein Pensum, das ihn erschöpft und vereinsamt zurückließ, während sein Tablettenkonsum epochale Dimensionen annahm. Seine Shows wurden bejubelt, er zeigte sich in alter Form, zumindest zu Beginn, und alle Vorstellungen waren ausverkauft. »A fortune won and lost on every deal«, sang er in »Viva Las Vegas«. Gewinn war Verlust, und Verlust war Gewinn.

Kunst und Design im Hotel

Das Design-Hotel verspricht weder Gefahren noch Abenteuer, dafür aber sanfte Anregung für die Sinne – oder für die Möblierung des eigenen Zuhause. Es ist meistens auf der Höhe innenarchitektonischer Trends und übertreibt sie gern. Mit seiner Betonung auf Individualität gehört es zu den Hotelformen, denen besonders gute Zukunftsaussichten vorausgesagt werden. In seinem Ambiente lassen sich Einrichtungsideen ganz nebenbei auch auf Alltagstauglichkeit prüfen. Man kann in verschiedenen Stilrichtungen probeliegen, essen und trinken.

Wo es Trends gibt, sind Stars nicht weit. Vor einigen Jahren galt Jacques Garcia als König der opulenten (Hotel-)Ausstattung, heute noch zu besichtigen im Pariser Kult-Hotel *Costes,* das Garcia 1995 in einem Akt der Rebellion gegen den vorherrschenden Minimalismus einrichtete. Heute gehört Dorothée Meilichzon zu den Trendsetterinnen unter den Ausstattern von Gästehäusern. Farbenfroh muss es sein, exzentrisch und bunt gemischt. Vom sogenannten guten Geschmack hat sie sich verabschiedet – »Jedes Ikea-Katalog-Cover steckt seit zehn Jahren voll von gutem Geschmack«. Auch sie liebt den Maximalismus, wie sie in ihrer neuesten Schöpfung, dem Innenleben des *Hotel Regina* in Biarritz, demonstriert.

Modemacher und große Luxusfirmen sind besonders anfällig dafür, in diesen Typus von Hotel zu investieren. Armani und Bulgari haben Hotels eingerichtet, ebenso wie die Modefirmen Missoni, Ralph Lauren, Ferragamo und Versace, um nur einige zu nennen. Andere statteten einzelne Zimmerfluchten aus, wie Diane von Fürstenberg, die eine Suite im *Claridge's* möblierte. Im Londoner *Savoy* entstand eine Gucci-Suite, buchbar für 15.875 Pfund pro Nacht, bestückt mit einer Bar, einem weitläufigen Esszimmer, einer Küche, einem Bad in grünem Marmor und einem Schlafzimmer mit gewaltigem Himmelbett. Themse-Blick inklusive.

Das Logo der Marke ist omnipräsent, und alle Gucci-Objekte sind käuflich, von der Kerze bis zum Porzellan. Man schläft wie im Showroom und träumt sich ins Gucci-Paradies. So können sich die Gäste hautnah in die Marke einfühlen. Nicht alle Labels denken wie die internationalen Modefirmen. Vor ein paar Jahren noch wollte der englische Designer Paul Smith nichts von einer Expansion seiner Kreativität in die Hotellerie wissen. Was sich in einem mit seinem Namen verbundenen Hotel abspielen würde, wäre von ihm nicht zu kontrollieren, gab er zu bedenken. Und wenn irgend etwas schiefginge oder ganz schlecht liefe, fiele es auf ihn zurück.

Die Gegenbewegung zum Designhotel ist derzeit nur eine Art Nischensport. André Balasz, der in den neunziger Jahren das alte Hollywood-Hotel *Chateau Marmont* kaufte, machte die klare Ansage: »Wir wollten uns vom ›Design‹ fernhalten.« Er fand, es ersticke den Charakter des alten Hauses, das seine Geschichte 1927 als Apartmentbau begann. »Ich hatte auch das Gefühl, dass die Gäste hier anspruchsvolle Menschen sind, die ihren eigenen Stil kennen. (…). Sie wollen ihre Persönlichkeit nicht an der Tür abgeben und sich in eine Fantasie-Schöpfung anderer Leute einkaufen.«

Ganz groß in Mode sind Hotels, die ihre Hallen, Gänge und Zimmerwände mit echten Kunstwerken tapezieren, wie es das Londoner *Nobu* tut, das dem Schauspieler Robert de Niro gehört. Das Design- und Kunsthotel ist ehrgeizig. Es macht die Gäste zum Publikum der Kunst und manchmal zum Kunden. Wobei: Kunst im Hotel ist nicht immer gute Kunst. Aber fast immer will Kunst im Hotel Prestige vermitteln. Meist sind es Häuser mit zeitgenössischer Ausstattung, die sich als Kunstvermittler versuchen. Eine Ausnahme ist das ehrwürdige *Dolder Grand* in Zürich, das sich mit mehr als hundert Kunstwerken von Takashi Murakami bis hin zu Jean Tinguely allerdings auch ein »noch exklusiveres Ambiente« leistet.

Der Schweizer Kurator Hans Ulrich Obrist hatte 1993 eine ganz andere Idee für das Genre Kunst im Hotel. In Paris funktionierte er ein zwölf Quadratmeter kleines Zimmer eines heruntergekommenen Hotels zur Galerie um, ohne Absprache mit dem Management. Tag für Tag kamen neue Kunstwerke hinzu, und auch die Besucher kamen und gingen im »Hotel Carlton Palace / Chambre 763«, wie die Schau nach ihrem Austragungsort benannt wurde. Am Ende waren es siebzig Kunstwerke. Ed Ruscha, Franz West,

Maurizio Cattelan, Hans-Peter Feldmann, Gilbert & George, Isa Genzken, Douglas Gordon, Sarah Lucas, Gerhard Richter machten mit: bedeutende Namen auf engstem Raum. Und so lange die Ausstellung dauerte, lebte auch Obrist darin. Er hatte den Trend zur Kunst im Hotel schon auf den Kopf gestellt und zugleich auf die Spitze getrieben, bevor es ihn überhaupt in den heutigen Ausmaßen gab.

Aber es läuft natürlich auch andersherum: Künstler leben nicht nur in Hotels und stellen ihre Werke dort aus, sie nehmen das Thema auch in ihrer Kunst auf. Dessen Ergiebigkeit schöpfte 2014 eine große Ausstellung in der Staatlichen Kunsthalle Baden-Baden aus. Sie erzählte von »Room Service. Vom Hotel in der Kunst und Künstlern im Hotel«: Damit kehrten die Kunst im Hotel und das Hotel in der Kunst wieder in die Galerie zurück.

Die französische Künstlerin Sophie Calle erforschte 1981 in ihrem Projekt »L'Hôtel« die unheimliche, transgressive Kehrseite des Lebens im Hotel. Damals arbeitete sie drei Wochen lang als Zimmermädchen in einem venezianischen Hotel, spionierte dabei heimlich fotografierend und lauschend die Gäste aus und veröffentlichte das Ganze mitsamt ihren tagebuchartigen Aufzeichnungen später als Buch.

Calle macht die Betrachter zu Komplizen ihres Voyeurismus. Zugleich spielt sie mit dem Gedanken, der manchem Hotelgast schon durch den Kopf gegangen sein mag: Was das Zimmermädchen wohl nach der Inspektion des Raums sehen, ahnen, kombinieren könnte?

Die Künstlerin las die Briefe und Aufzeichnungen der Gäste, fotografierte menschenleere Zimmer mit ihren zerwühlten oder unbenutzten Betten, den Inhalt der Schränke, schmutzige Wäsche und ein seidenes Nachthemd, das glatt über einem Stuhl hing. Die bewusste Kunstlosigkeit ihrer Fotos ließ die Dinge ominös wirken. Kam sie dabei den Menschen im Hotel näher? Nicht wirklich, wie sich nach all der fiebrigen Spionagetätigkeit ernüchtert feststellen lässt: Sophie Calles »Hotel«-Projekt dreht sich um die grundsätzliche Unmöglichkeit, andere Menschen zu kennen.

Das auratische Milieuhotel

»Room 1017. Fifty-five dollars a week to live in the Chelsea Hotel«, die Rock-Musikerin und Schriftstellerin Patti Smith fühlte sich wie im Himmel, als sie 1969 in dem berühmten Künstlerhotel *Chelsea* in New York ankam. Ihr Buch »Just Kids« enthält, ohne es so zu benennen, eine Hommage an das Haus. Sie zog mit ihrem damaligen Freund, dem Künstler und Fotografen Robert Mapplethorpe, in das hellblaue Zimmer, das berühmt dafür war, das kleinste im ganzen Hotel zu sein. Es gab ein Waschbecken und einen Spiegel, eine Kommode und einen Schwarzweißfernseher, der nicht funktionierte. »We were home«, schreibt sie über ihre Ankunft.

Wer dort einmal ein Zimmer hatte, wurde nicht gleich rausgeschmissen, wenn er die Miete einmal schuldig blieb. Viele Nachbarn waren freundlich, die Türen standen offen, aber es war auch wie ein »offener Markt, auf dem jeder etwas von sich selbst zu verkaufen hatte«, erinnerte sich Smith. »The Chelsea was like a doll's house in the Twilight Zone, with a hundred rooms, each a small universe«, dichtete die Autorin an einer anderen Stelle in ihrem Buch, die zu schön ist, um sie zu übersetzen.

Der walisische Dichter Dylan Thomas war dort gestorben, Thomas Wolfe hatte dort geschrieben, Bob Dylan komponierte »Sad-Eyed Lady of the Lowlands«, und die Andy-Warhol-Muse Edie Sedgwick steckte ihr Zimmer versehentlich beim Ankleben falscher Wimpern in Brand. Mark Twain, Charles Bukowski, William S. Burroughs und Jackson Pollock logierten in einem der vierhundert Zimmer im Haus an der 222 West 23rd Street, dessen

Geschäftsmodell Arthur Miller zufolge einer simplen Strategie folgte: »Keine Staubsauger, keine Regeln, keine Scham.«

Im Aufzug des *Chelsea Hotel* traf Leonard Cohen eines Nachts Janis Joplin, die anschließende Begegnung im Bett verewigte er indiskret in seinem Song »Chelsea Hotel«. Jahre später erinnerte er sich: »Es war ein großartiger, verrückter Ort. Ich liebe Hotels, in denen man um vier Uhr morgens einen Zwerg, einen Bär und vier Damen mit auf sein Zimmer nehmen kann, und keiner kümmert sich darum.«

Kurzum, das *Chelsea Hotel* gehörte zu jenen höchst raren »auratischen Milieuhotels«, von denen Peter Sloterdijk einmal im Zusammenhang mit dem *Waldhaus* in Sils sprach, mit ihrer Klientel aus »Einverstandenen und im voraus Begeisterten« (in: »Zeilen und Tage. Notizen 2008–2011«). Ein wesentliches Element dieses Hoteltyps ist die Atmosphäre des Authentischen. Die Berühmtheiten, deren Glanz noch die schäbigsten Zimmer zu erhellen scheint. Die Dauergäste. Die Mythen. Das Haus generiert eine Geschichte, die sich als Legende fortschreibt. Jeder neue Gast, egal wie bedeutend oder namenlos, kann sich als Teil einer Erzählung fühlen.

Ein anderes Paradebeispiel des »auratischen Milieuhotels« war das *Chateau Marmont* in Hollywood. Fast ein Jahrhundert lang war es die Kommandozentrale der Hollywood-Dekadenz, die Geschichten, die durch das Haus geweht sind, füllen mehrere Bücher. Seit seinem Entstehen in den zwanziger Jahren kam es nie aus der Mode, ganz gleich in welchem Zustand es sich gerade befand. Von den siebziger Jahren an war das Gebäude, das von außen aussah wie eine Disneyburg, in Wirklichkeit aber einem Schloss an der Loire nachempfunden war, in einem schlechten Zustand. Die Wasserhähne funktionierten oft nicht, die Teppiche zu betreten, war hygienisch riskant. »Da wollte man seine Schuhe lieber nicht ausziehen«, erinnerte sich der Schauspieler Keanu Reeves, der, jahrzehntelang ohne festen Wohnsitz, dort damals Langzeitgast war. Vorsichtige Renovierungsarbeiten in den neunziger Jahren sorgten dafür, dass der von Künstlern geschätzte Stil der eleganten Vernachlässigung erhalten blieb. »Ich würde eher dort in einem Badezimmer schlafen als in einem anderen Hotel«, hatte schon der Regisseur Billy Wilder gesagt.

Das von Insidern so genannte *Chateau* war die Institution, bei der das alte Hollywood auf das alte Europa traf und die lange Zeit fast alle europäischen Filmleute anzog, die in Hollywood drehten. Viele Besucher betrachteten den Ort auch später noch als Inspiration. Die Pop-Sängerin Lana Del Rey ließ sich den Namen *Chateau Marmont* auf den Arm tätowieren. Der Dauergast Helmut Newton fotografierte in etlichen Zimmern und verunfallte tödlich in der Ausfahrt, als er das Hotel 2004 in seinem Cadillac verließ.

Die Musiker Chilly Gonzales und Jarvis Cocker widmeten dem *Chateau Marmont* ein ganzes Album namens »Room 29« – da ist jeder einzelne Titel ein Akt der Desillusionierung, der den Reiz der Illusion anerkennt – der Illusion der Filmstadt und des Hotels, das sie repräsentiert: »A comfortable venue for a nervous breakdown / A front row seat for a psychic shakedown«. Naturgemäß steht es auf der Playlist im wirklichen *Chateau Marmont.*

Sofia Coppola drehte ihren Film »Somewhere« (2010) als Ode an das *Chateau* vor Ort und die Modefirma Gucci widmete dem Hotel 2019 eine Kollektion. Sogar der Wäschebeutel inspirierte eine Luxustasche. Das Hotel-Maskottchen, der Flöte spielende Pan, tanzte auf Shirts und Pullovern. Kenneth Anger, der über neunzigjährige Untergrund-Filmemacher und Skandalchronist von »Hollywood Babylon«, führte die Gucci-Stücke im Hotel in einem Kurzfilm vor. Elegant ruiniert, mit einem verblichenen *Lucifer*-Tattoo auf seiner Brust, war er die Idealbesetzung für den schauerromantischen Clip. Ein »auratisches Milieuhotel« wie der Sagenpalast *Chateau Marmont* bietet Platz für viele Geschichten, speziell für die dunklen.

Beim Luxus geht es um das Beste vom Besten. Doch die Vorstellung davon ist flexibel. Sie unterliegt unterschiedlichen Ansichten, wechselnden Zeitläuften und Bedingungen. Auch die Idee vom Luxushotel hat sich seit seiner Blütezeit im ausgehenden 19. Jahrhundert verändert. Blieben die Gäste damals oft monatelang zum Überwintern im *Reid's Palace* in Madeira, buchen sie heute eine Woche. Schätzten sie noch in den siebziger Jahren einen Butler, der mit auf den Rücken gelegter Hand einen Bückling machte und diskret schwieg, tauschen sie heute gern ein paar lockere Sätze mit dem Personal aus. Steife Förmlichkeit ist out, auch in Hotels, die es immer noch gern sehen, wenn ihre Gäste mit Krawatte zum Dinner erscheinen – wie das irische *Ashford Castle.*

Generell haben es Fünfsternehotelbesucher heute am liebsten entspannt, erklärt auch Elisabeth Sulzenbacher, die seit mehr als dreißig Jahren im Management der *Beachcomber Hotels* in Mauritius arbeitet. Im *Royal Palm* in Mauritius verwöhnte sich früher der Jetset gern mit Dom Pérignon, führte seine Juwelen vor und feierte bis in die Morgenstunden. »Die Zeiten von dicken Klunkern, Glanz und Gloria sind vorbei, genauso wie die Nonstop-Drinks am Pool«, sagt Elisabeth Sulzenbacher. »Der Luxus von heute ist nicht mehr laut.«

Trugen die Gäste von damals ihren Status großspurig zur Schau, legen sie heute Wert auf Understatement. Das Hotel braucht auch keine erlesene Schutzburg in sonniger Umgebung mehr zu sein, die das Gewohnte in Stil und Gastronomie ins fremde Land exportiert. Heutige Besucher sind im Unterwegssein erfahren und haben weniger Berührungsängste mit dem Reiseland. Sie schätzen erstklassigen Service wie ehedem, wollen aber auch Land und Leute kennenlernen und Holz, Stein und Sand unter ihren Füßen spüren.

Nachhaltigkeit, so sagen sie, sei ihnen ein Anliegen, berichtet Elisabeth Sulzenbacher. Doch Nachhaltigkeit komme bei Luxusreisenden an ihre Grenzen, wenn es um Privatjets geht. Davon fliegen mehr denn je. Denn sie sparen den Vielbeschäftigten Zeit. Und Zeit ist das Luxusgut schlechthin. Der Luxus selbst, die Idee von Perfektion und höchster Qualität, suggeriert Langlebigkeit, aber eigentlich noch mehr: Unsterblichkeit.

Das Leben im Endlos-Komfort ohne Schmerz und Enttäuschung – das ist die Verheißung der Luxushotels mit ihren Infinity-Pools, die Katja Eichinger in ihrem Buch »Mode und andere Neurosen« als »architektonische Manifestation des Luxus-Mythos« bezeichnet: »Der Pool plätschert leise vor sich hin und verschmilzt dabei mit dem Horizont. Unser Körper schwebt. Das für immer Jetzt wird niemals aufhören.« Das Leben mit seinen Frustrationen hingegen, seinem ewigen Wandel und Verlust sei ein Mängelexemplar: »Leben ist das Gegenteil von Luxus.« Das mag wohl sein. Für manche ist das Luxushotel eine Wohlstandshölle. Für andere ist es der Traum vom Paradies.

Heartbreak Hotel

Die Rock- und Popmusik verbindet eine besondere Beziehung zu Hotels. Sie dienen als Zwischenstopps für Künstler auf Tourneen, als Orte, die besungen werden, und Stätten, an denen gefeiert und schließlich – manchmal infolge des Feierns – auch gestorben wird. Im Rock 'n' Roll erhält der Begriff des Feierns eine andere Dimension. Manchmal hat er mit Selbstzerstörung, in anderen Fällen nur mit Zerstörung zu tun. Vom Hotelzimmerzertrümmern, dem ritualisierten Akt des Rebellentums und der handfesten Auswirkung des Drogenkonsums, war schon die Rede. Solche Geschichten gehören zur Folklore der populären Musik.

Vielleicht ist es außerordentlich befreiend, Mobiliar zu zerstören, das einem nicht gehört. Die meisten von uns werden es nicht herausfinden. Led-Zeppelin-Sänger Robert Plant jedenfalls beugte sich 1975 über den Balkon des *Continental* und rief: »I am a Golden God!« Sechs Etagen hatte seine Band im *Continental Hyatt House* (heute heißt es *Andaz West Hollywood*) am Sunset Boulevard gemietet, schmiss Fernseher und Dom-Pérignon-Flaschen aus dem Fenster und röhrte auf Harleys durch die Lobby des Hotels, das sich den Spitznamen *Riot House* auf diese Weise hart erarbeitete.

Hotels haben die Pop- und Rockmusik auch künstlerisch inspiriert. Elvis Presleys »Heartbreak Hotel« ist der vielleicht berühmteste Hotel-Song der Rock-Geschichte, über die Herberge am Ende der Lonely Street, in der schon die Angestellten Schwarz tragen und bittere Tränen vergießen. Ganz zu schweigen von den Gästen, die allesamt »broken hearted lovers« sind, Liebende mit gebrochenen Herzen. Der Song stand bis zum Ende seiner Karriere auf Elvis' Setlist und wurde auch von anderen vielfach nachgespielt, von Johnny Cash bis zu John Cale, der ihn vollends verdüsterte.

Als ebenso langlebig hat sich »Hotel California« von den Eagles erwiesen: Auch dies keine Ode an das besungene Haus, das im Song auf den ersten Blick so verführerisch wirkt, mit seinen verspiegelten Decken und dem pinkfarbenen Champagner auf Eis. Am Ende entpuppen sich alle Gäste als Gefangene des Hotels, denn: »You can check-out any time you like / But you can never leave!« Interpretationsmöglichkeiten dieser Lyrics gibt es viele. Eine Metapher für Drogensucht wurde hineingelesen, das Scheitern des amerikanischen Traums und überhaupt alles, was man darin sehen wollte, wie Don Felder, Co-Autor des Songs, in seiner Autobiographie schrieb. Mit Sicherheit feststellen lässt sich nur, dass die Zeilen von »Hotel California« nichts Gutes für dessen

Gäste verheißen. Trotzdem gibt es viele Hotels, die sich nach dem Musikstück benennen. Eines davon liegt am Berliner Kurfürstendamm. Mit Heartbreak Hotels ist die Welt spärlicher gesegnet, das bekannteste steht unweit von Elvis' Wohnsitz Graceland in Memphis und ist ein Kitschpalast mit herzförmigem Swimmingpool.

Nicht nur in Rock-Songs wurde es mitunter dunkel im Hotel. Für manche Musiker war es die letzte Station eines Lebens, das vom Unterwegssein und von Drogen bestimmt wurde. Der Hoteltod ist, so könnte man sagen, der klassische Rock-'n'-Roll-Tod. Janis Joplin nahm eine Überdosis Heroin in Raum 105 im *Landmark Motor Hotel* in Los Angeles. Jimi Hendrix trank im *Samarkand Hotel* in London Rotwein, in den er große Mengen von Schlaftabletten gemischt hatte. Country-Rockstar Gram Parsons starb 1973 im kalifornischen *Joshua Tree Motel* im Alter von 27 Jahren; Drogen und Alkohol, vermutete man. Gram Parsons' bescheidene letzte Unterkunft (Zimmer 8) wird immer noch vermietet. Man kann einchecken, wo die Idole aus dem Leben auscheckten. Näher kommt man ihnen nicht mehr. Das Rock-'n'-Roll Hotel ist zäh und leidensfähig. Wenn die Dramen vorbei sind, kann es mit Erinnerungen werben: als Schauplatz der Ausschweifungen, die manche seiner Zentralfiguren mit dem Leben bezahlt haben.

Whitney Houston wurde im Februar 2012 tot in Zimmer 434 im *Beverly Hilton Hotel* in Hollywood gefunden. Sie lag kopfüber in ihrer mit Wasser gefüllten Badewanne; Drogen, Herz, so genau wurde es nicht geklärt. Nach ihrem Tod setzte ein Run auf ihr Hotelzimmer ein, jeder wollte dort übernachten. Dasselbe gilt für den Musiker und Schauspieler John Belushi, der 1982 an einem Drogencocktail in einem Gartenbungalow 3 des *Chateau Marmont* starb. Sein letzter Satz steht, wie stellvertretend für alle Kollegen, auf seinem Grabstein: »I may be gone, but Rock and Roll lives on.«

VI. Gestern, heute, morgen: vom Grand Hotel zum Airbnb und ins Weltall

»The truth is, of course, that there is no journey. We are arriving and departing all at the same time.«
David Bowie

Gasthöfe, Pilgerhotels und Herbergen gibt es seit mehr als tausend Jahren. In Europa waren öffentliche Herbergen in den Städten und an den Landstraßen nicht nur unbequem und Brutstätten allerlei Ungeziefers, sondern oft auch gefährlich: Es bestanden gute Chancen, ausgeraubt zu werden. Doch wer keine Gelegenheit zu Logierbesuchen bei adligen oder wohlhabenden Verwandten hatte, war auf Gasthöfe angewiesen. Die Marktlücke einer sicheren Unterkunft in einem komfortablen Ambiente erkannte angeblich als Erster ein Londoner Friseur. Am 25. Januar 1774 eröffnete David Low in Covent Garden in London ein *Grand Hotel.* Das visionär prägende Wort »Hotel« entlehnte Low dem »hôtel«, das die aristokratischen Stadtpalais bezeichnete. Schon der Name allein suggerierte Komfort und Luxus. Damit begründete Low eine Tradition, die sich auch nach der Entmachtung des Adels durch das Bürgertum fortsetzen sollte.

In den Augen der Bourgeoisie wurde das Schloss zum ästhetischen Gegenstand und Objekt der Sehnsucht nach einer heilen, kultivierten und luxuriösen Märchenwelt. So viel atemlose Verklärung verdrängte den Gedanken an feudale Zwingburgen und Herrschaftsarchitektur. Kein Wunder also, dass Palast und Schloss als fast schon verbindliche Vorbilder zahlreicher neuer Hotels fungierten, die im letzten Drittel des 19. Jahrhunderts entstanden – während im Gegenzug auch manche Schlösser als Hotels zu neuem, bürgerlichem Leben erwachten.

Sie firmierten gern unter feudalen Namen wie *Majestic, Royal, Palasthotel* oder *Königshof,* die Exklusivität und Wohlleben verhießen, was durch die Architektur beglaubigt wurde. In der Fassadengestaltung, mit Parks, Auffahrten, Speise-, Tanz- und Festsälen wurden Standards der Schlossarchitektur zitiert. Auch residierte der Adel mitunter selbst gern in großen Hotels, was die bürgerliche Sehnsucht nach dem Schloss erst recht beflügelte. »Wenn man in einem eleganten Hotel sitzt, ist man selber elegant«, notierte Kurt Tucholsky mehr als hundert Jahre nach der Eröffnung des ersten *Grand Hotel* in Covent Garden. Es befand sich übrigens tatsächlich in einem herrschaftlichen Haus. Auch diese Umwidmung der Funktion – vom Wohnhaus des Adels zum Hotel – sollte sich später hundert-, wenn nicht tausendfach in ganz Europa wiederholen.

In der zweiten Hälfte des 19. Jahrhunderts begann die Blütezeit des Hotelbaus in Europa, aber auch in den Vereinigten Staaten. Die Eisenbahn mit ihrem sich ausbreitenden Schienennetz beförderte die Entwicklung, ebenso die größeren zeitlichen und finanziellen Kapazitäten des erstarkten Bürgertums. Der Tourismus entwickelte sich zur neuen Dienstleistungsbranche. Die Häuser entstanden sowohl in entlegenen Gebieten auf dem Land als auch in Städten wie Wien, Paris oder London, in denen sich öffentlich zugängliche Kunst und Kultur rasant entwickelten. Kurhotels zogen vermögende Schichten an – das Hotel als Ort der Rekreation und eigentliches Ziel einer Reise wurde zur festen Größe. Die Schweiz mit ihren vielen damals entstandenen und bis heute berühmten Hotels etablierte sich als beliebtestes Touristenziel in jener Zeit.

Damals galt das Hotel auch als Ort gesellschaftlicher Inszenierung. Die Gäste setzten sich selbst in Szene. Dichter, Filmemacher,

Musiker und Maler sahen ihnen dabei zu und übersetzten das Gesehene in ihre Künste – ihre Spiegelungen des Hotellebens wirkten wiederum auf die Popularität und das Prestige des Schauplatzes zurück. Die Ansprüche an das Hotel änderten sich mit den sich wandelnden Reisegewohnheiten: Als das Unterwegssein zum Massensport wurde, geriet die Begeisterung für das – zumeist grandiose – Hotel als Gesellschaftsort zum Nischenphänomen für Liebhaber. Der Anspruch an das Hotel verlagerte sich ins Funktionale. Es sollte vor allem praktisch, berechenbar und bezahlbar sein. Es war zu einem Ort geworden, an dem man sich auch notgedrungen aufhielt, zum Beispiel auf Dienstreisen. Wiedererkennbarkeit bildete sich als Markenzeichen heraus, mit dem die bekannten Hotelketten warben. »The best surprise is no surprise«, lautete 1975 der Slogan von *Holiday Inn*. Das galt ebenfalls für Urlaubshotels. Wer ein Haus einer bestimmten Kette bei einem Reiseanbieter buchte, wusste in etwa, was ihr oder ihm bevorstand. Und das ist bis heute so geblieben.

Mit der Ankunft der Billigfluggesellschaften veränderte sich das Leben auf Reisen erneut. Es wurde noch preisgünstiger und einfacher, sich von Ort zu Ort zu bewegen, und die Zielgruppe erweiterte sich. Wer heute in ein Ryanair-Flugzeug nach London oder nach Lissabon steigt, sieht sich vor allem von jungen Leuten umgeben. Vor der Covid-19-Pandemie war diese Entwicklung auf einem Höhepunkt angelangt. Als neue Form der Beherbergung etablierten sich Airbnbs, von privaten Anbietern zur kurzzeitigen Vermietung gestellte Zimmer, Wohnungen und Häuser. Die Abkürzung steht für *airbed and breakfast*, also Luftmatratze und Frühstück, und geht auf eine Idee der Amerikaner Brian Chesky und Joe Gebbia zurück, die seit 2008 auf einer Internetplattform weltweit private Unterkünfte vermitteln.

Deren Liebhaber schätzen die Nähe zum »wahren« Leben am fremden Ort. Für kurze Zeit können sie sich der Illusion hingeben, in einer »echten« Wohnung wie die Ortsansässigen zu hausen. Sich nicht als Tourist zu fühlen und sich auch nicht dem Bedientwerden im Hotel zu unterwerfen, entsprach dem Gefühl des modernen Nomadentums, freiheitlich und scheinbar ohne Nachteile. Einmal abgesehen davon, dass man als Selbstversorger die Mühen des Alltags keineswegs hinter sich lässt, Catering und Haushalt inklusive.

Airbnbs haben sich mittlerweile zur lukrativen Geschäftsidee entwickelt, die den Hotels erbitterte Konkurrenz macht. Manche frühere Vermieter verließen ihre Unterkünfte an attraktiven Orten, die zu Geisterstätten wurden, wenn die Gäste ausblieben. Auf diese Weise wurden Airbnbs zu verkappten Ferienwohnungen. Obwohl um ein Vielfaches teurer als der jeweilige Mietzins, sind sie für Familien und Gruppen erschwinglicher als Hotels. Dass die privat vermieteten Wohnplätze günstiger sind als gewerblich geführte Gästehäuser, hat auch damit zu tun, dass Hotels Auflagen bezüglich Hygiene, Brandschutz und Steuern erfüllen müssen, die für Airbnbs nicht gelten – was die Hotellerie erzürnt.

Der in Los Angeles lebende Künstler Michael McGregor, der in seinem Buch »Room Service« Zeichnungen auf Hotelschreibpapier unter kühn geschwungenen Logos vorstellte, erklärt in der Trendbeilage des Londoner »Evening Standard« am 26. Januar 2024, die Zeit der Airbnbs sei vorbei: »Vor zehn Jahren waren sie okay, aber jetzt sind sie überall gleich, design-feindlicher, dummer Touristenmüll.« Im selben Heft plädiert sein Chefredakteur statt dessen für die Rückkehr der »Grande Dame Hotels«, die früher Schauspielerinnen der höchsten Kategorie vorbehalten waren.

Die touristischen Massenbewegungen wurden während der Covid-19-Pandemie zum Stillstand gebracht. Auch nach den Beschränkungen durch die Lockdowns entschleunigte sich das Reisen – aber nur fürs Erste. Unterdessen erweist sich das Hotel als erstaunlich robust und überlebensfähig. London allein erlebte 2023 eine Mammut-Saison der milliardenteuren Luxus-Hoteleröffnungen, mit dem *Peninsula*, dem *OWC* und dem *1 Mayfair* im vergangenen Jahr, gefolgt von dem ersten *Six Senses* der Stadt und *The Emory* in der Nähe der Serpentine Gallery im Jahr 2024.

»Es ist gut bestellt um die Zukunft des Hotelgewerbes«, sagt Daniel Roger, bis 2021 CEO der in Israel basierten Gruppe der Fattal-Hotels, die weltweit mehr als 200 Häuser besitzt. »Nach der Pandemie sind die Preise gestiegen, aber die Leute reisen immer noch, selbst Touristen aus ökonomisch schwächeren Ländern wie Italien und Spanien. Ich bin überrascht, dass so viele sich das leisten können. Die Menschen geben ihre Ferien nicht auf.« Vielleicht liegt es an einer Verschiebung der Lebensprioritäten, die in den vergangenen zehn, zwanzig Jahren zu beobachten war: »Besitz ist inzwischen für viele weniger erstrebenswert als Erleben. Heute wird weniger gespart, dafür mehr Geld ausgegeben«, beobachtet Rogers. Die Flugzeuge sind immer noch voll, die Schlangen an den Sicherheitskontrollen der Flughäfen lang. »Die Menschen sind bereit, für ihre Reisen zu leiden.«

Die School of Hospitality Administration der Boston University prophezeit eine digitale Transformation des Hotels der Zukunft: Check-ins und andere Bedürfnisse sollen maschinell erfüllt werden – bedingt durch gestiegene Unkosten und Personalknappheit. Das Business-Magazin »Entrepreneur Middle East« zeigt sich ähnlich optimistisch. Luxusreisen werden ein Comeback erleben, heißt es dort. Auch eine zunehmende Auflösung der Trennlinie zwischen Geschäfts- und Privatreisen wird prognostiziert: Wer beruflich unterwegs ist, wird in der Zukunft seine Reise häufiger ins Private verlängern. Hotelaufenthalte würden sich generell ausdehnen. Zusätzlich erlaubt die verstärkt wegfallende Anwesenheitspflicht am Arbeitsplatz »working from home« auch von unterwegs. Schon heute hat sich eine Community berufstätiger Nomaden etabliert, die von überall auf der Welt arbeitet.

Ein Report der Beraterfirma McKinsey sieht Potential in noch nicht erschlossenen Märkten im sogenannten globalen Süden für das Hotelgewerbe. Nachhaltigkeit, da sind sich alle Experten einig, wird sich weiter zum Schlüsselthema ausprägen. Die McKinsey-Experten sehen das Hotel des Jahres 2030 vollautomatisiert wie ein Raumschiff. »Sobald Sie ein Hotel betreten, wird es wissen, dass Sie da sind. Der Check-in erfolgt per Telefon, sodass Sie nicht an der Rezeption Halt machen müssen.« Möglich wäre, dass sich in Zimmern die Möbel per Technik verschieben lassen, wie von Geisterhand gewissermaßen. Das ist mancherorts – fast – schon Wirklichkeit. Aber nicht zu jedermanns Freude.

»Ich bin im *Gallatin Hotel* in Nashville«, teilte der Drehbuchautor und Regisseur Paul Schrader seinen Freunden und Followern auf Facebook vor einigen Monaten mit. »Ein Hipster-Ort in hellbunten Farben ohne Personal. Nur roboterhafte Room-Codes und Kameras. Ich dachte, das wäre eine neue Erfahrung. Aber wisst ihr was? Ich bin verdammt nochmal zu alt für neue Erfahrungen.«

Doch die Räder drehen sich weiter. In der »New York Times« war im November 2023 ein ominöser Satz über die Perspektiven des Hotel-Business zu lesen: »Das Rennen, Hotels in den Weltraum und in die Nachbarschaft des Mondes zu bauen, hat begonnen.« Das alles ist, wie man so sagt, Zukunftsmusik. Aber gut zu wissen, dass es weitergeht, das Leben im Hotel.

Dank

Dieses Buch wäre ohne meine literarischen Reisegefährten nicht entstanden. Mein ganz besonderer Dank gilt Angela Schader, die den gesamten Entstehungsprozess freundschaftlich, ermutigend und mit untrüglichem Stilgefühl begleitete. Mareike Welke stattete mich mit wertvollem Insiderwissen über die hierarchisch geordnete Welt hinter den Kulissen des Hotels aus. Elisabeth Sulzenbacher öffnete mir die Augen für die Widersprüche des heutigen Luxustourismus. Daniel Rogers gewährte mir Einsichten in die Business-Seite der Branche und in das, was ein gutes Gästehaus aus der Perspektive eines Hoteliers ausmacht. Meine viel zu früh gestorbene, unvergessene Freundin Jane Shenton von Médecins Sans Frontières erzählte mir von Hotels in Kriegs- und Krisenzeiten. Kai Ritzmann, Anke-Sophie Meyer, Dietmar Kanthak und Jean-Martin Büttner verdanke eine Fülle von Hinweisen und Gesprächen. Anne Hamilton ermöglichte das Buch mit ihrer Expertise, Geduld und Offenheit. Nicht denkbar wäre es ohne das Dazutun von Martin Meyer gewesen, dem ich unschätzbare Anregungen verdanke. Eine Hauptrolle bei der Entstehung spielte Graeme Douglas, mein liebster Reisebegleiter.

Literatur

Pierre Assouline, Lutetias Geheimnisse. Karl Blessing Verlag, München 2006.

Eve Babitz, Slow Days, Fast Company. New York Review Book, New York 1974.

Vicky Baum, Menschen im Hotel. Kiepenheuer & Witsch Verlag, Köln 2020.

Luis Buñuel, My Last Sigh. University of Minnesota Press, 2003.

Raymond Chandler, Playback. Penguin, London 2005.

Agatha Christie, Evil Under the Sun. HarperCollins, New York 2008.

Joan Didion, The White Album. Weidenfeld & Nicolson, London 1979.

Arthur Hailey, Hotel. Pan Books, London 1968.

Katja Eichinger, Mode und andere Neurosen. Blumenbar Verlag, Berlin 2020.

Josh Fehnert (Hrsg.), The Monocle Guide to Hotels, Inns and Hideaways. Die Gestalten Verlag, Berlin 2018.

F. Scott Fitzgerald, Ein Diamant, so gross wie das Ritz. Diogenes Verlag, Zürich, 1990.

E. M. Forster, A Room With a View. Penguin, London 2012.

Ulrike Goldschweer, Von der Unbehaustheit des Exils. Prekäre Wohnsituationen im Werk Vladimir Nabokovs am Beispiel des Romans Mašen'ka. 1926. Universität Postdam 2011.

Graham Greene, The Quiet American. Penguin, London 1967.

Graham Greene, The Comedians. Penguin, London 1980.

Stephen King, The Shining. Hodder Paperbacks, London 2007.

Wayne Koestenbaum, Hotel Theory. Soft Skull Press, New York 2007.

Oliver Kohns, Martin Roussel, Einschnitte: Identität in der Moderne. Königshausen & Neumann Verlag, Würzburg 2007.

Siegfried Kracauer, Das Ornament der Masse. Suhrkamp Verlag, Frankfurt 2021.

Shaun Levy, The Castle on Sunset. Life, Death, Love, Art and Scandal at Hollywood's Chateau Marmont. Anchor Books, New York 2019.

Klaus Mann, Das zwölfhundertste Hotelzimmer. Rowohlt Verlag, Reinbek 2006.

Thomas Mann, Die Bekenntnisse des Hochstaplers Felix Krull. S. Fischer Verlage, Frankfurt 2004.

Thomas Mann, Tod in Venedig. S. Fischer Verlage, Frankfurt 2017.

Thomas Mann, Der Zauberberg. S. Fischer Verlage, Frankfurt 1991.

Ruth von Mayenburg, Hotel Lux. Bertelsmann Verlag, München 1978.

Rainer Moritz, Der schönste Aufenthalt der Welt. Dichter im Hotel. Knesebeck Verlag, München 2016.

Vladimir Nabokov, Die Gabe. Rowohlt Taschenbuch, Reinbek 1999.

Marcel Proust, Auf der Suche nach der verlorenen Zeit. Im Schatten junger Mädchenblüte. Suhrkamp Taschenbuch, Frankfurt 1981.

Jean Rhys, After Leaving Mr. Mackenzie. Jonathan Cape, London 1931.

Jean Rhys, Good Morning, Midnight. Penguin Classics, London 2000.

Wolfgang Richter und Jürgen Zänker, Der Bürgertraum vom Adelsschloss. Aristokratische Bauformen im 19. und 20. Jahrhundert. Rowohlt Verlag, Reinbek 1988.

Joseph Roth, Hotel Savoy. DTV Verlag, München 2003.

Swenja Schiemann, Erica Wottrich (Hrsg.), Filmbühne Hotel, Begegnungen in begrenzten Räumen. Edition Text + Kritik, München 2016.

Ferdinand von Schirach, Nachmittage. Penguin Random House, München 2023.

Sam Shepard, Motor Chronicles. City Lights Books, San Francisco 1982.
Peter Sloterdijk, Zeilen und Tage, Notizen 2008–2011. Suhrkamp Verlag, Frankfurt 2013.
Patti Smith, Just Kids. Bloomsbury Publishing, London 2010.
Benjamin von Stuckrad-Barre, Panikherz. Kiepenheuer & Witsch Verlag, Köln 2016.
David Wagner, Ein Zimmer im Hotel. Rowohlt Verlag, Reinbek 2016.
Andy Warhol, The Philosophy of Andy Warhol. From A to B and Back Again. Harcourt Brace Jovanovich, New York and London 1975.
Olivia Williams, The Secret Life of the Savoy and the D'Oyly Carte Family. Headline Publishing, London 2020.
Tom Wolfe, Das bonbonfarbene tangerinrot-gespritzte Stromlinienbaby. Rowohlt Verlag, Reinbek bei Hamburg 1988.
Virginia Woolf, Mrs Dalloway. Penguin, London 1996.
Cornell Woolrich, Hotel Room. Random House, New York 1958.
Peter Zumthor, Atmospheres. Birkhäuser Verlag, Basel 2015.

Zu Klampen Essay – lieferbare Bände

Bernd Ahrbeck
Jahrmarkt der Befindlichkeiten. Von der Zivilgesellschaft zur Opfergemeinschaft

Basteln am Ich. Zu Risiken und Nebenwirkungen grenzenloser Selbstbestimmung

❧

Rudolf Burger
Das Elend des Kulturalismus. Antihumanistische Interventionen

❧

Egon Flaig
Gegen den Strom. Für eine säkulare Republik Europa

❧

Alexander Grau
Kulturpessimismus. Ein Plädoyer

Entfremdet. Zwischen Realitätsverlust und Identitätsfalle

❧

Ulrich Greiner
Dienstboten. Von den Butlern bis zu den Engeln

❧

Hans Ulrich Gumbrecht
Provinz. Von Orten des Denkens und der Leidenschaft

Ralf Hanselle
Homo digitalis.
Obdachlos im Cyberspace

Heide Helwig
Unsere Wünsche. Gift und Zauber

Jens Jessen
Was vom Adel blieb.
Eine bürgerliche Betrachtung

Der Deutsche. Fortpflanzung,
Herdenleben, Revierverhalten

Jürgen Kaube
Im Reformhaus.
Zur Krise des Bildungssystems

Wolfgang Kemp
Der Oligarch

Der Scheich

Kersten Knipp
Im Gespräch.
Wie wir einander begegnen

Manfred Koch
Faulheit. Eine schwierige Disziplin

Andrea Köhler
Scham. Vom Paradies zum Dschungelcamp

Siegfried Kohlhammer
Islam und Toleranz.
Von angenehmen Märchen und unangenehmen Tatsachen

Hans Kollhoff
Architektur. Schein und Wirklichkeit

Stephan Krass
Radiozeiten. Vom Ätherspuk zum Podcast

Ulrich Meyer-Doerpinghaus
Am Zauberfluss.
Szenen aus der rheinischen Romantik

Johann Michael Möller
Der Osten.
Eine politische Himmelsrichtung

Burkhard Müller
Fälschungen, Verwandlungen.
Vom schönen Schein der Bilder, Häuser und Menschen

Apoll und Daphne.
Geschichte einer Verwandlung

Henning Ritter
Verehrte Denker. Porträts nach Begegnungen

Johannes Saltzwedel
Finderglück.
Mäßig unzeitgemäße Betrachtungen

Hartmut Scheible
Sinnliche Vernunft.
Giacomo Casanova in seiner Zeit

Martin Scherer
Hingabe.
Versuch über die Verschwendung

Hannelore Schlaffer
Die City.
Straßenleben in der geplanten Stadt

Alle meine Kleider. Arbeit am Auftritt

Rüpel und Rebell.
Die Erfolgsgeschichte des Intellektuellen

Zeit meines Lebens.
Was war und noch ist

Gustav Seibt
Goethes Autorität.
Aufsätze und Reden

Stefan aus dem Siepen
Wie man schlecht schreibt.
Die Kunst des stilistischen Missgriffs

Gerhard Stadelmaier
Regisseurstheater.
Auf den Bühnen des Zeitgeists

Deutschlandglotzen.
Ganze Tage vor dem Fernseher

Eine kürzere Fassung dieses Textes ist im Dezember 2022 in der Schriftenreihe der Vontobel-Stiftung, Zürich, erschienen.

2024
zu Klampen Verlag
Röse 21 · D-31832 Springe
info@zuklampen.de · www.zuklampen.de

Satz: textformart, Göttingen
Gesetzt aus Arno Pro
Druck: CPI – Clausen & Bosse, Leck

ISBN 978-3-98737-013-7

Bibliographische Information der
Deutschen Nationalbibliothek:
Die Deutsche Nationalbibliothek
verzeichnet diese Publikation in der
Deutschen Nationalbibliographie;
detaillierte bibliographische Daten
sind im Internet abrufbar:
http://dnb.d-nb.de